Ser feliz en Alaska

RAFAEL SANTANDREU

Ser feliz en Alaska

Mentes fuertes
contra viento y marea

Grijalbo

Papel certifi ado por el Forest Stewardship Council®

MIXTO
Papel procedente de
fuentes responsables
FSC® C117695

Penguin
Random House
Grupo Editorial

Cuarta edición: octubre de 2016
Décima reimpresión: junio de 2023

© 2016, Rafael Santandreu
© 2016, Penguin Random House Grupo Editorial, S. A. U.
Travessera de Gràcia, 47-49. 08021 Barcelona
© Herederos de Juan Ramón Jiménez, por el poema *Al álamo blanco*
© Herederos de Miguel Hernández, por el poema *Soledad*
© Mario Satz, por la traducción del poema *Una sana revolución*

Printed in Spain – Impreso en España

ISBN: 978-84-253-5384-0
Depósito legal: B-812-2016

Compuesto en Anglofort, S. A.

Impreso en Liberdúplex
Sant Llorenç d'Hortons (Barcelona)

GR5384E

Dedicado a mi madre, María del Valle Lorite.
Gracias por todo tu inmenso amor

Índice

PRIMERA PARTE

Comprender la psicología cognitiva

1

Programarse la mente

Entre el ancestral pueblo pigmeo se cuenta la siguiente historia:

Un día, un sediento león se acercó a un lago de aguas transparentes y, al asomarse para beber, vio por primera vez su imagen reflejada. Asustado, pensó: «Este lago es territorio de ese fiero león. ¡Tengo que marcharme!».

Pero el animal tenía mucha sed, así que, al cabo de unas horas, decidió volver. Se aproximó sigilosamente y, justo cuando inclinó el cuello para beber, ¡ahí estaba de nuevo su rival! ¡No se lo podía creer! ¡Qué veloz y atento era el maldito animal!

¿Qué podía hacer? La sed lo estaba matando y ésa era la única fuente de agua en kilómetros a la redonda. Desesperado, se le ocurrió rodear el lago para penetrar por un recodo oscuro. Cuando llegó al lugar, se arrastró hasta al agua y..., ¡pam!, ¡las mismas fauces frente a él! Estaba hundido. Nunca se había enfrentado a alguien tan territorial...

Pero el león tenía tanta sed que decidió jugársela. Se armó de coraje, corrió hasta llegar a la orilla y, sin pensarlo, metió la cabeza en el agua. Entonces fue cuando, como cuentan los ancianos pigmeos, ¡se hizo la magia!: su feroz rival había desaparecido para siempre.

Hace años, más de dieciséis, tuve una experiencia alucinante, bellísima, que me causó un gran impacto: dejar de fumar. Pero no lo hice de cualquier forma, sino con el mejor método del mundo; porque lo conseguí sin pasar el «mono» y disfrutando del proceso. Fue como un milagro. El primer milagro que viví en el universo de la psicología, aunque más tarde, gracias a mi trabajo, sería testigo de muchísimos más.

Anteriormente, sin el método adecuado, lo había intentado dos veces cosechando memorables fracasos. ¡Lo máximo que había aguantado sin fumar habían sido un par de horas! Al poco de dejarlo, me subía por las paredes hasta que me decía a mí mismo: «¡No puedo más, prefiero morir de cáncer que sufrir esta terrible ansiedad!».

Pero entonces tuve la enorme suerte de tropezar con el libro *Es fácil dejar de fumar si sabes cómo* de Allen Carr, un contable escocés que logró la clave para zafarse del tabaco sin esfuerzo mediante una espléndida programación mental.

Lo más alucinante de aquel método es que pude dejar el tabaco sin padecer ningún síndrome de abstinencia: ¡nada! Y eso que, hasta el momento, la ciencia médica daba por hecho que las drogas producen un fuerte «mono» cuando se dejan. Se supone que un heroinómano las pasará canutas cuando intente desintoxicarse de la heroína: ¡se retorcerá, le dolerá la tripa, sudará e incluso delirará durante varios días!

Pero aquel escocés ajeno a la medicina —ni siquiera era psicólogo— afirmaba que el «mono» no existe y que todo está en nuestra cabeza, en la mente. ¡Y yo pude comprobarlo y no he sido el único en experimentar este fenómeno! Miles de personas en todo el mundo se han reprogramado el cerebro con el método de Allen Carr y han logrado dejar el terrible cigarro sin dificultad.

De hecho, al cabo de un mes de abandonar el cigarrillo, mi madre, gran fumadora durante treinta años, me pidió «ese librito que te ha ayudado tanto». Y una semana después, ella también tiraba a la basura su último Nobel. Han pasado desde entonces más de dieciséis años y, si algo tiene claro en la vida, es que ese veneno no volverá jamás a sus labios. ¡Su experiencia fue idéntica a la mía! Y no le resultó difícil. ¡Incluso disfrutó del proceso!

Pero tal vez os preguntaréis por qué hablo del tabaco en un libro de psicología que pretende hacernos más fuertes a nivel emocional. Pues, ni más ni menos, porque todos los fenómenos mentales —la ansiedad, la depresión, el estrés, la timidez, etc.— también son humo, es decir: son sólo el producto de una mentalización errónea que podemos revertir con el método adecuado y de forma rápida y definitiva.

Puedo jurar, y demostrar, que, como decía Allen Carr respecto al tabaco, «el cambio emocional es fácil si sabes hacerlo».

Este libro es un manual de reprogramación mental análogo al sistema antitabaco de Allen Carr aplicado a todas las emociones negativas. De hecho, podría perfectamente titularse «Es fácil dejar de tener "neuras" si sabes cómo». Su objetivo es convertirnos en personas altamente sanas a nivel emocional. Los métodos que se explican aquí están basados en la psicología cognitiva, la escuela terapéutica más eficaz del mundo, con miles de estudios que certifican sus resultados. Y lo mejor de todo es que cualquier persona puede aplicarlos. Esto es: nadie tiene por qué ir al psicólogo si realiza el esfuerzo necesario.

SER FULGURANTE

¿En qué vamos a convertirnos tras aplicar lo que dice este libro? Nada más y nada menos que en personas especiales: altamente fuertes y sanas. En la actualidad, debido a la neurosis imperante, sólo un 20 % de las personas son así. Si trabajamos a conciencia estos contenidos, podremos llegar a ser individuos muy centrados en el presente.

En una ocasión oí decir la siguiente frase: «Un buen monje es aquel que hace pocas cosas, pero las pocas que hace las hace muy bien». Cuando nos hayamos puesto en forma mental, la jornada fluirá de forma natural, de goce en goce. Porque en todas partes encontraremos oportunidades de hacer algo hermoso y el «dulce presente» será nuestro hogar independientemente de los estados mentales.

Cuando somos vulnerables, distinguimos entre «estar bien» y «estar de bajón» porque vivimos las emociones negativas de forma extrema. Sin embargo, las personas más sanas vivencian lo negativo de forma muy suave, incluso saben disfrutar también de la ligera tristeza o de los activadores nervios. En fin, son muy estables y saben observar la realidad con mirada de poeta.

Con la terapia cognitiva se activa nuestro ojo para la belleza y, entonces, podremos fijarnos mucho más y mejor en las cosas hermosas que nos rodean: las caras bonitas, los enormes árboles de nuestras ciudades... Pocas cosas hay que den más plenitud que apreciar con intensidad los pequeños placeres de la vida y agradecer el hecho de estar vivos. Esto nos sucederá continuamente de forma espontánea.

Además, la persona feliz posee carisma y tiene un gran poder de atracción porque el «buen rollo» se contagia y todo el mundo quiere estar cerca de ella. Por otro lado, las personas que rebosamos felicidad mostramos la mejor cara que tenemos, con lo cual, también resultamos muy atractivos.

De modo que debemos afirmar que sí, que es posible perderle el miedo a todo. En realidad es más fácil de lo que parece. Entonces la vida se convierte en algo increíblemente sencillo. Además, cuando finiquitamos los temores, adquirimos una enorme ventaja competitiva. Las personas fuertes y felices disponen de muchas más oportunidades porque simplemente se atreven a todo mientras que la mayoría se arruga ante absurdeces.

Yo dejé el tabaco de forma radical y sin esfuerzo: incluso disfruté del proceso. Y de la misma forma he visto a miles de personas transformarse en ese ser especial que acabo de describir. Son cambios realmente alucinantes.

Al margen de la psicología cognitiva, sólo he visto transformaciones tan radicales en personas que se han convertido a alguna religión y que la viven profundamente. Más de una vez he leído descripciones del tipo: «Era la misma persona, pero había algo distinto en su mirada: los ojos le brillaban; diría que incluso le refulgían».

Marcus era uno de ellos. Era un joven alemán que conocí en mi juventud y trabajaba como voluntario en un barrio chabolista de la India. Marcus lo había dejado todo en su Múnich natal para colaborar en Calcuta con una orden religiosa protestante. A este veinteañero alto, rubio y resuelto también le refulgían los ojos. Su energía vital era limpia y alegre como pocas veces la he visto. ¡Esto es estar en forma emocional!

ENTRENO SUPERINTENSO

Éste es el tercer libro que publico y, en los cinco años que llevan mis manuales en las librerías, he recibido miles de cartas de personas que han vivido una fuerte transformación a través del método cognitivo. Personas depresivas, ansiosas, megacelosas, obsesivas o temerosas hasta la parálisis han logrado forjarse otra mente, algo que ni siquiera sabían que era posible.

Este tercer libro pretende dar un paso más, ir más lejos, desarrollar más intensidad en nuestra reprogramación. Nuestro objetivo es llegar a ser personas excepcionalmente sanas, como pocas quedan ya en este mundo de locos. Nuestra meta es estar muy sanos y muy fuertes, con una mente nítida y fulgurante como la de Marcus.

En este capítulo hemos aprendido que:

- La eficacia del método cognitivo ha sido comprobada centenares de veces por jueces independientes.
- Se trata de una reprogramación mental muy fuerte que hace fácil lo que parece difícil.
- El objetivo es convertirse en personas excepcionales: sosegadas, centradas en el presente, alegres incluso en la enfermedad, con ojos de poeta, atractivas por fuera y por dentro, y carentes de todo temor.

2

Un sistema de tres pasos

Cuando amaneció el día señalado, los cristianos marcharon en procesión hacia la arena del circo romano. Pero como si desfilaran hacia al cielo y no hacia las fieras, sus rostros estaban iluminados por la alegría.

La gente se apiñaba en las calles para verlos pasar, pero, sorprendentemente, sin el jolgorio típico de los espectáculos callejeros. Esta vez, ningún niño lanzó verduras podridas ni se oyó ningún insulto. Los romanos se sentían intrigados, incluso temerosos, de aquellos excéntricos que adoraban a un hombre ajusticiado en una cruz.

Aquella mañana, en el recorrido que conducía al circo, sólo se oía el cobarde murmullo del pueblo hablando por lo bajo.

Por fin, la comitiva llegó al imponente Coliseo. Dentro les esperaban unos funcionarios que les cubrieron de pieles de conejo sangrantes para excitar a los perros que les devorarían más tarde.

De esa guisa salió el grupo a la arena. Los gritos estallaron entre la masa hambrienta del espectáculo de la muerte. Fieros canes aguardaban babeando en tres extremos equidistantes del ruedo. Entre el bullicio, un grupo numeroso de espectadores empezó a corear: «¡Muerte a los paganos! ¡Muerte a los paganos!». Era un cántico parecido al de los modernos estadios de fútbol. La palabra «pagano» se refería obviamente a los cristianos, que despreciaban a la vasta colección de dioses romanos.

Los condenados, entre los que también había niños con los pies encadenados, se dirigieron al centro del coso, como les habían ordenado. En sus posiciones, los perros tiraban de las correas, ansiosos por alimentarse.

Pero mientras los creyentes se dirigían a una muerte segura, se empezó a oír un sonido inaudito: era una melodía de voces que sonaba maravillosamente. Muchos romanos callaron para distinguirla. Se empezó a hacer el silencio y... entonces, de repente, se hizo totalmente audible: eran los propios cristianos que entonaban un cántico. ¡El gentío no daba crédito a lo que estaba presenciando! Aquella gente extraña estaba serena. Es más, sus miradas resplandecían. Algunos se abrazaban como despidiéndose, pero sin lloros ni lamentos.

El responsable de los juegos, Julio Pontio, un hombre obeso y calvo, se hallaba cobijado tras una barrera de madera. Nervioso, miró hacia el emperador y distinguió una expresión de fastidio. Enseguida hizo un gesto a los entrenadores de perros y gritó:

—¡Soltadlos ya! ¿A qué esperáis, imbéciles?

Y a esa voz, los canes salvajes saltaron en dirección a los cristianos. En cuanto alcanzaron a sus presas, el loco rugido del pueblo encendió de nuevo el circo. Nerón y Julio Pontio respiraron aliviados. Pero el germen de la curiosidad y la admiración estaba ya plantado en la mente del pueblo. No se dejaría de hablar de los cristianos en toda la semana.

En el año 64 de nuestra era se declaró un gran incendio en Roma. El 70 % de la ciudad, que entonces contaba con un millón de habitantes, fue presa de las llamas.

Roma se calentaba e iluminaba con leña y la ciudad era un caos de callejuelas repletas de tiendas y edificios de viviendas de varias plantas, así que los incendios eran moneda corriente, pero aquél fue de proporciones gigantescas.

En aquella ocasión circulaba el rumor de que el fuego había sido provocado, ya que surgió precisamente en el barrio en el que el emperador planeaba construir su nuevo palacio. Nerón podría haber querido despejar la zona sin pagar indemnizaciones. Aquel loco corrupto era capaz de todo...

En cuanto las habladurías llegaron a palacio, Nerón, asustado, preparó una respuesta propagandística: si hacía creer a la gente que el desastre había sido obra de los cristianos, podría calmar los ánimos con un castigo ejemplar. Y la estrategia tuvo éxito. Roma se tragó el anzuelo y los cristianos fueron masacrados. Un año después, el nuevo palacio se alzaba en el solar calcinado.

Y así empezó la primera persecución de los cristianos, un crimen de Estado que, sin embargo, se acabaría volviendo en contra de las instituciones romanas. Como narran los historiadores de la época, los condenados por la nueva religión exhibieron tal fortaleza que el castigo se trocó en una vertiginosa campaña a su favor.

Está acreditado que muchos de aquellos cristianos murieron en el circo romano con calma, confianza y surreal serenidad. Los ciudadanos de Roma se preguntaban: «¿Qué tiene esa creencia extranjera que otorga esa extraña superioridad moral?». Y ésa fue la mejor publicidad que pudo tener el cristianismo.

El reconocido filósofo romano Justino fue una de esas personas que se convirtió a la religión de la cruz movido por el fenómeno de los mártires. Dejó escrito:

> En la época en que era discípulo de Platón, asistí a los juicios contra los cristianos. ¡Y cómo me asombraron, pues, con la cabeza bien alta, no renegaban de su fe! ¡Se veían tan seguros de sí mismos! Y eso no fue nada en comparación con su actitud ante la muerte: viéndoles tan valientes ante todo lo que a los demás aterra, me decía que era imposible que vivieran en el mal, porque el lujurioso y el intemperante... ¿cómo han de abrazar la muerte así? ¿No preferirán mentir y seguir gozando de su vida presente? Así fue como me acerqué a la que hoy es mi fe.

El historiador y tertuliano escribió:

> Muchos hombres, maravillados de su valerosa constancia, buscaron las causas de tan extraño y poderoso talante, y cuando conocieron la verdad se convirtieron a la nueva religión.

Yo no soy católico, pero el relato de aquellas personas enfrentándose al martirio con serenidad y alegría me parece un ejemplo perfecto de cómo la mente puede ser entrenada para cualquier situación. ¡Hasta el extremo de marchar hacia la muerte con alegría!

Todo está en la mente, para bien o para mal. Ésta puede ser nuestro mejor amigo o nuestro peor enemigo. Es algo que yo he presenciado en mi consulta durante muchos años y de forma radical, por ejemplo en el caso de somatizaciones o «males del cuerpo creados por la mente»: personas que acuden con extraordinarios síntomas como parálisis, dolores extremos o incluso ceguera, causados por un funcionamiento incontrolado de su cabeza.

Pero sé que lo contrario también sucede: individuos agraciados con una mente a prueba de bombas a los que nada les impide ser felices: ni la enfermedad más grave, ni la cárcel o la guerra.

La psicología cognitiva nos enseña que, con un poco de esfuerzo y perseverancia, todos podemos acercarnos a la mentalidad de los más fuertes. A veces será muy fácil y rápido; otras requerirá unos cuantos años de entrenamiento. Dependerá del punto de partida en el que nos hallemos. Pero se trata del aprendizaje más importante ya que el ordenador central, nuestra mente, lo rige todo.

SALIR DEL INFIERNO EN VEINTE SESIONES

Un ejemplo de ese cambio radical fue Alejandra. Su padre me llamó desde Zaragoza, donde poseía una próspera cadena de tiendas de electrodomésticos. Me explicó que su hija, de treinta y tres años, tenía a la familia desesperada. Desde los dieciséis años padecía lo que se llama «personalidad límite». Los psiquiatras llaman así a las personas proclives a la depresión y a la ansiedad, con tendencias suicidas y que se autolesionan. Muchas veces se hacen cortes en los brazos para sentir dolor físico en vez de emocional, algo nada raro si se llega a esos niveles de sufrimiento.

El padre de Alejandra me rogó que aceptase a su hija como paciente y así lo hice. La chica acababa de salir de una prestigiosa clínica psiquiátrica de Madrid, ingresada por enésima vez en su vida, y la familia estaba muy triste porque la veían atiborrada de pastillas y sin visos de curarse jamás.

Menos de un año después, tras unas veinte visitas a mi consulta de Barcelona, Alejandra era otra persona. No sólo estaba feliz y radiante, sino que, como me dijo su padre entre lágrimas: «Parece la más fuerte de la familia». Ya no tomaba medicación, trabajaba por primera vez en su vida —en el negocio familiar— y planeaba irse a vivir con un chico que había conocido. ¡Estaba exultante!

Tales cambios no son milagros, sino simplemente aprendizajes realizados con un método claro, y mucha intensidad y perseverancia. Se trata de algo parecido a aprender un idioma extranjero: la práctica hace la magia.

PODER MENTAL

Tengo una amiga muy fuerte y racional a la cual he citado varias veces en mis libros. Se llama Tina Pereyre. Es la directora de los voluntarios del Hospital Sant Joan de Déu de Barcelona, uno de los hospitales infantiles más grandes de España.

Tina es rabiosamente cristiana, auténtica y energética, y siempre está alegre. Una delicia de persona que irradia amor allá por donde va. En una ocasión, una amiga común me contó una historia sobre ella que ejemplifica el poder de la actitud mental. Tina tuvo una época especialmente difícil en su vida —se separó, una de sus hijas estuvo muy enferma, etc.—, y cuando sus amigos le preguntaban:

—Tina, ¿cómo estás?

Ella respondía:

—¿Por fuera o por dentro?

—Pues no sé. De las dos formas —le solían inquirir.

—Por fuera, mal, porque me pasa de todo; pero por dentro soy feliz —concluía.

¿Cuál es el secreto para desarrollar este tipo de fortaleza emocional? ¿Cuál es la llave para finiquitar cualquier temor, complejo o malestar psicológico? La psicología cognitiva tiene la respuesta. Se trata de un aprendizaje en tres pasos:

1. Orientarse hacia el interior (buscar el bienestar dentro de uno)

2. Aprender a andar ligeros (saber renunciar a todo)

3. Apreciar lo que nos rodea (aprender a apasionarse por la vida)

Si llegamos a dominar estos tres pasos nos convertiremos en personas libres de «neuras», muy fuertes y felices. La mejor versión de nosotros mismos.

Vamos a ver, de forma resumida, en qué consisten estas tres habilidades. Aunque, cuidado, se trata sólo de un esquema. A lo largo de todo el libro las estudiaremos con mucho más detalle.

EL PRIMER PASO: ORIENTARSE HACIA EL INTERIOR

La causa principal de que los seres humanos estemos neuróticos es creer que la felicidad está en el exterior. Éste es el error principal que nos escacharra el cerebro.

Cometemos ese fallo cada vez que nos decimos: «Cuando consiga pareja, podré disfrutar de la vida» o «Si no tuviera este cáncer podría ser feliz» o «Si fuese más guapa, la vida me iría como un cohete». Todo esto es un error porque el principio activo de la felicidad está en nuestro interior, no en la realidad externa. Y no darse cuenta de ello —una y otra vez— es el germen de la debilidad emocional.

Alejandra, mi paciente «límite», de la que he hablado antes, era una profesional de ese error. Antes de curarse, prácticamente todo podía ser un motivo de depresión o ansiedad: no tener novio, que un amigo le tratase mal, aburrirse, la posibilidad de enfermar... Y eso, en realidad, equivalía a decirse que su felicidad estaba en lo contrario: tener novio, que le tratasen bien, tener una vida emocionante o estar sana...

Por el contrario, mi amiga Tina no le prestaba mucha atención a lo externo. Ella, «por dentro», siempre estaba serena y alegre, independientemente de los problemas. Por eso, el primer paso para hacerse fuerte a nivel emocional está en concentrarse en nuestro funcionamiento mental y no tanto en lo externo.

Cada vez que nos perturbemos, podemos preguntarnos: «¿Qué he hecho para ponerme mal?». Si un compañero de trabajo nos dice algo desagradable y nos sentimos ofendidos, no es por la ofensa en sí, sino por nuestro diálogo interno, lo que nos decimos cuando suceden las adversidades. En vez de mirar afuera, hay que mirar adentro.

Cuando somos débiles, cometemos el error de atender demasiado a nuestras circunstancias, somos estúpidamente rehenes de ellas, esclavos de lo que pasa. Epicteto, uno de los filósofos de cabecera de los psicólogos cognitivos, decía: «No nos afecta lo que nos sucede, sino lo que nos decimos acerca de lo que nos sucede».

Como aprenderemos a lo largo de este libro, nuestro cambio pasará por decirnos en toda circunstancia: «Estaré bien o mal según dirija mi pensamiento. No a causa de mis adversidades o éxitos».

Segundo paso: aprender a andar ligeros

Cuentan que un turista en Israel quiso conocer al célebre rabino Hilel el Sabio. Cuando entró en su casa, le sorprendió ver que ésta consistía en una sola estancia llena de libros y un único taburete donde sentarse. El turista preguntó:

—Pero, Rabí, ¿dónde están sus muebles?

—¿Y dónde están los tuyos? —replicó el sabio.

—Pero yo estoy aquí de paso...

—¿Y cómo piensas que estoy yo? —concluyó el Rabí.

La verdadera causa de la infelicidad es creer que carecemos de cosas. Y, por el contrario, la clave del bienestar está en saber que nos sobra de todo. Es lo que yo llamo «vivir en abundiálisis» o «en carenciálisis».

En infinidad de ocasiones le he preguntado a un paciente: «¿Te das cuenta de que ya lo tienes todo para estar genial?». A veces se trataba de una chica a la que había abandonado su novio; otras, alguien enfermo de cáncer, y también personas con ansiedad o dolor crónico. Y la cura empezaba cuando se daban cuenta de que las adversidades no son un impedimento para ser feliz. Y si no ¡que se lo pregunten a los mártires cristianos!

Detrás de cada «neura» —¡de todas!— hay siempre una incapacidad para soltar una «necesidad inventada», una exigencia. ¡Siempre! Y la solución pasa por dejarla ir cuando comprendemos que no necesitamos esto o aquello. Como suelo decir, la neurosis es fruto de la «necesititis», la creencia de que necesitamos mucho para estar bien.

Hace tiempo vi una entrevista en el famoso programa de televisión de Andreu Buenafuente que ilumina este concepto que estamos viendo (se puede ver en YouTube). El invitado era Jorge Sánchez, un escritor que tenía el récord de viajes por el mundo. Había pasado treinta y cinco de sus cincuenta años viajando. Me pareció un tipo genial: interesante, sereno, divertido y lleno de energía y curiosidad. Sánchez explicó que viajaba con muy poco dinero, trabajando aquí y allá en lo que podía, reuniendo experiencias y amigos. Había vivido todo tipo de aventuras y desventuras —incluso había estado a punto de morir—, pero nunca había dejado de ser inmensamente feliz.

Este viajero anda por la vida ligero de equipaje y es un ejemplo de fortaleza y salud emocional.

Las personas más fuertes —ricas o pobres— han reducido sus necesidades a niveles muy bajos. Es posible que tengan una mansión, una pareja maravillosa y un trabajo envidiable, pero saben que no necesitan todo eso. Si en cualquier momento se quedan sin ello, seguirán siendo tan felices como siempre.

La pirámide de las renuncias

A continuación se pueden leer las cinco renuncias fundamentales que hemos de llevar a cabo para convertirnos en personas saludables. Las he enmarcado dentro de una pirámide que asciende en dificultad. Todos los días, a modo de repaso, podemos comprometernos con ellas. Puedo asegurar que si nos convencemos de que no necesitamos estos cinco bienes claves, nos convertiremos en personas excepcionalmente sanas. No por casualidad todas las personas fuertes lo han hecho, desde mi ex paciente límite de Zaragoza hasta Jorge Sánchez, el viajero feliz.

La primera renuncia, la más básica, es la de la seguridad económica. Se trata de comprender que podríamos ser muy felices sin dinero —eso sí, siempre y cuando tengamos cubierto el asunto de la comida y la bebida—. Si no somos capaces de vernos bien en el caso de que nos quedemos sin trabajo, siempre tendremos miedo de perder el que tenemos, nos estresaremos con facilidad y no podremos disfrutar plenamente de él.

Yo hace tiempo que me he desligado por completo de la seguridad económica y precisamente ése es mi secreto antiestrés. Y, paradójicamente, es lo que me permite tener éxito.

Como aprenderemos a lo largo de este libro, siempre que surja el estrés laboral o nos atemorice un informe o una reu-

nión con el jefe, la solución es la renuncia; comprender que, en realidad, nunca hemos necesitado el empleo.

El resto de necesidades ascienden en dificultad. ¿Cómo sería no necesitar aprobación ni compañía? Yo tengo un amigo que vive retirado en el campo con sus dos perros y apenas ve a nadie. Es feliz con la naturaleza y la cultura a la que accede a través de internet. Como comprobaremos, la madurez exige saber ser feliz en completa soledad.

Y podemos seguir quitándonos necesidades de encima hasta el extremo de renunciar a la vida. En realidad, no es tan difícil aceptar que la vida es un tránsito rápido y que no existe ninguna obligación de vivir mucho. No temer a la muerte es fundamental para no ser hipocondríaco y llevar bien las pérdidas de los seres queridos. Pero también para vivir con pasión el presente, como si no fuese a haber mañana.

Pero no desesperemos, en estas páginas hallaremos las claves mentales que nos facilitarán llevar a cabo todas estas renuncias para convertirnos en aprendices de mártires cristianos, grandes viajeros o personas vibrantes como mi amiga Tina.

Es importante recordar que el miedo es una función del apego, de la incapacidad de dejar ir, y, por el contrario, la serenidad y la alegría son funciones del desapego, de la ausencia de necesidades. Vamos a aprender a renunciar de forma radical o, lo que es lo mismo, vamos a hacernos muy fuertes a nivel emocional.

Ser feliz en El Cairo

En una ocasión tuve una paciente de unos cuarenta años, dueña de una tienda de vestidos de novia de mucho éxito, esposa y madre amorosa y diligente. Vanesa era muy divertida y por eso caía bien a todo el mundo.

Un día tratamos el tema del estrés de la maternidad: tenía trillizos y, con doce años, eran «supermoviditos». Me explicó:

—Estoy histérica. No paro de gritar. Y es que los niños son un terremoto. No hay quien aguante su marcha. Imagínate: ¡trillizos!

—Vale, vamos a hacer lo siguiente: imagina que vives en El Cairo. Que eres una exploradora de yacimientos antiguos y tienes un romance con un apuesto fotógrafo. Por las noches, al acabar tu jornada, te encuentras con él en uno de los restaurantes que hay en las azoteas de los edificios de la ciudad —le sugerí.

—¡Uau! ¿Puedo escoger a uno tipo Hugh Jackman? —preguntó riendo.

—¡Claro! Además del romance con Jackman tienes un trabajo interesantísimo descubriendo tesoros antiguos. Intenta imaginarlo: resides en un país exótico y llevas una vida genial. Ahora bien, también es cierto que El Cairo es una de las ciudades más caóticas del mundo, ruidosa y desordenada. Pero eso le encanta al viajero, forma parte de la magia de esa ciudad donde todo es posible —expliqué con todo lujo de detalles.

—Ya veo por dónde vas... Quieres decir que yo podría ser feliz como una aventurera en una ciudad caótica como El Cairo pero también en mi casa, con el caos de mis niños —inquirió.

—¡Exacto! ¿Lo ves? Nosotros no necesitamos paz para ser felices. Si abrimos nuestra mente, podemos disfrutar de la vitalidad de una ciudad con atascos, ruidos y fuertes olores por doquier. Y de la misma forma, tú puedes estar genial con el desorden vital de tus hijos.

A lo largo de la sesión fuimos estudiando argumentos que demostraban que Vanesa podía vivir la educación de los trillizos de otra forma, sin perder la serenidad. (En otra parte de este libro veremos con detalle cómo podemos insensibilizarnos a la incomodidad y al caos.) Y en poco tiempo fue capaz de leer tranquilamente una novela mientras sus hijos se peleaban en el salón de su casa. En otras palabras, mi paciente aprendió a renunciar con alegría a la comodidad, la tercera de las renuncias de nuestra pirámide del crecimiento personal.

En otra sesión que tuve con ella me preguntó:

—Rafael, el trabajo que nosotros estamos haciendo, ¿consiste en dejarle de dar importancia a todo? ¿Renunciar a todo?

—Sí. Se trata de encontrar los argumentos para convencerte de que cualquier situación o adversidad no tiene por qué impedirte ser feliz. Todo: pérdida de dinero, afectos, comodidad, la propia paz y la salud, incluso la vida.

Hay que subrayar que, ya más calmada, Vanesa fue capaz de implementar con sus hijos lo que llamamos «el aprendizaje del sosiego personal». Es decir, les fue enseñando con paciencia y perseverancia a comportarse de una manera «elegante», con lo que se iban a «convertir en muchachos atractivos, sobre todo para las chicas». ¡Y lo logró!

Pero para su salud mental era fundamental que dejase de necesitar histéricamente que sus hijos fuesen de otra forma. Y no sólo eso: en un sentido amplio, aprendió a no necesitar estar cómoda o tranquila, las otras dos renuncias de nuestra pirámide. ¡No olvidemos nunca que en la renuncia está la fortaleza!

Hasta ahora hemos visto los dos puntos esenciales del cambio emocional: orientarse hacia el interior y caminar ligero. Veamos a continuación, de forma sucinta, el tercero.

EL TERCER PASO: APRECIAR LO QUE NOS RODEA

En el budismo —y en la psicología cognitiva— el arte de la apreciación del entorno es fundamental. En Japón lo llaman «*wabi-sabi*». Hay personas que están encantadas de la vida y otras a las que el mundo les parece aburrido, sin mucho que ofrecer. Ambas viven en el mismo lugar. La diferencia es que unas han encendido la luz de la apreciación y las otras la han apagado; unas se permiten disfrutar de las pequeñas cosas y las otras van en busca de emociones fuertes o nada, de modo que suelen quedarse en nada.

Recuerdo una experiencia personal que me mostró, siendo muy joven, en qué consiste el ejercicio de apreciación y qué resultados ofrece. Yo era estudiante de psicología y, al margen de mis estudios, organizaba conciertos junto con algunos amigos. Teníamos éxito y la actividad nos reportaba unos buenos beneficios.

Una mañana primaveral caminaba por el campus con Jordi —compañero de estudios y socio— y mi novia de aquella época. No recuerdo de qué charlábamos, pero en un momento dado Jordi le dijo a ella:

—Ostras, ¡Rafael y yo no podemos vivir mejor! Estudiamos una carrera que nos encanta, organizamos conciertos geniales y, encima, estamos forrados. ¡Esto es vida!

Aquellas palabras de mi amigo Jordi me impactaron. Simplemente porque hasta entonces no me había planteado la buena vida que tenía. Me sonreí. Miré a mi alrededor y contemplé el apacible entorno del campus: árboles cargados de hojas, rayos de sol que lo iluminaban todo... y el tiempo se ralentizó durante un buen rato. Mi mente estaba saboreando el presente.

Esto es el ejercicio de apreciación de la vida. El mundo es un lugar de abundancia donde no paran de sucederse hechos extraordinarios. ¡Y tenemos la suerte de poder vivirlos porque estamos vivos! Se trata de detenerse y decírselo a uno mismo, como Jordi hizo aquella mañana.

Es maravilloso poder ver los colores de la naturaleza, respirar el aire fresco, escuchar los sonidos armónicos de la música, ¡incluso sentir el volumen de nuestro propio cuerpo de uno! Para la mente entrenada en la apreciación, el entorno es copioso porque hay infinidad de cosas que son extraordinarias. Entonces nadamos en la abundancia y las presuntas carencias de nuestra vida no importan. Vivimos en «abundiálisis».

El *wabi-sabi* o apreciación puede referirse a la naturaleza, a las cosas bellas del mundo o a la propia vida de uno, como hizo mi amigo Jordi esa mañana primaveral. La cuestión es ponerse en «modo de agradecimiento», lo que nos hace sentir bien y además es incompatible con la queja o la «terribilitis», el gran promotor de la neurosis.

A lo largo de este libro veremos cómo podemos activar el arte de la apreciación de lo que nos rodea. Se trata de un ejercicio diario que produce bienestar emocional de forma inmediata y que potencia, además, los dos pasos anteriores: orientarse hacia el interior y aprender a andar ligeros.

Vivir una aventura cada día

Todos hemos tenido la experiencia de viajar al extranjero o a una ciudad desconocida. Casi todos, en esas circunstancias, nos ponemos en modo *wabi-sabi*. Paseamos con los ojos bien abiertos para no perdernos la belleza del lugar, tomamos fotos que capturan el momento presente, nos sentimos nuevos, vigorosos y en armonía. Pero, en realidad, ese estado mental no está en el extranjero sino dentro de nosotros y, si lo experimentamos, es porque nosotros nos lo permitimos.

Existen muchas evidencias de que incluso los estados mentales inducidos por drogas —tipo éxtasis o Valium— pueden ser reproducidos a voluntad si se sabe cómo, sin necesidad de tomar nada. En realidad, esos estados los provocan determinadas conexiones neuronales que siguen una pauta concreta. Podemos provocarlos con las drogas o con nuestra orientación mental.

Yo tengo un amigo que ha aprendido a tener orgasmos múltiples sin eyacular empleando sólo técnicas mentales. ¡Su esposa está encantada! Y él más. Sus orgasmos son muy potentes y, uno tras otro, puede seguir con el acto sexual en busca de más emociones.

De la misma manera, todos podemos entrar en modo *wabi-sabi* en nuestra propia ciudad. No hace falta viajar para emocionarse con nuestras calles, gentes y posibilidades de disfrute. Claro que para lograrlo hay que concentrarse en la belleza, hacer las cosas un poco más despacio y pararse de vez en cuando para mirar y apreciar.

Enamorarse del primero que pase

En muchas ocasiones he dado conferencias sobre el amor y he manifestado mi convencimiento de que las personas podríamos enamorarnos de la primera persona que pasa por delante de nosotros por la calle. Y tengo pruebas para defender esta idea.

Todos podríamos escoger a alguien al azar y, en poco tiempo, convertirlo en nuestra persona querida, admirada, deseada... Porque el enamoramiento es una función de nuestra mente como lo es reír o estar en modo divertido o de guasa: podemos activarlo o no activarlo y depende más de nosotros que del exterior.

Yo he estudiado en el extranjero en dos ocasiones: con veinte años en Inglaterra y con treinta en Italia. Y en ambos lugares fui testigo de un fenómeno que me llamó la atención. Cuando cambias de país —especialmente si no hablas el idioma—, llegas a un territorio completamente nuevo en el que no conoces a nadie. Es cierto que vas cargado de ilusión y energía, pero también te enfrentas a un período de soledad porque vas a estar sin tus amigos y tu familia durante un tiempo.

Pues bien, el fenómeno sorprendente es que esas experiencias son increíblemente fértiles a la hora de hacer grandes amistades y vivir apasionados amores. En pocas semanas, haces grandes amigos. A lo largo del año, creas unos vínculos inolvidables. Y lo mismo sucede en el terreno sentimental. Muchas veces, los estudiantes se enamoran al poco de llegar cuando en su ciudad llevaban años sin conocer a nadie especial.

¿Por qué sucede eso? Porque las personas se abren. Las primeras semanas de soledad activan la motivación para entablar nuevos vínculos y, ¡pam!, se hace la magia. ¿No podríamos hacer lo mismo en casa?

Y es que apreciar lo que nos rodea, enamorarnos de la vida, depende siempre de nuestra apertura mental, no del exterior. Como veremos a lo largo de estas páginas, una de las claves de la fortaleza emocional consiste en eso. Aprenderemos a hacerlo todos los días. Será una suerte de apertura del tercer ojo situado en medio de la frente, en el lóbulo prefrontal, donde habitan nuestros pensamientos y visiones más hermosas.

En este capítulo hemos aprendido que:

La terapia cognitiva se resume en tres pasos:

- Orientarse hacia el interior: consiste en buscar el bienestar en nuestro funcionamiento mental, no en circunstancias externas.
- Aprender a andar ligeros: es la habilidad para renunciar a cualquier cosa que nos falte o pudiese faltar. De esa forma, las amenazas y los lamentos interiores desaparecen.
- Apreciar lo que nos rodea: es un ejercicio continuo de apreciación de las pequeñas cosas de la vida.

3

Ser feliz en el vertedero

Un joven médico se hallaba en un hospital psiquiátrico. Era su primer día de trabajo. Mientras hacía la ronda se encontró a un paciente sentado en una silla que se movía hacia delante y hacia atrás y repetía sin cesar: «Lola, Lola, ¡Lola!...».

—¿Qué le pasa a ese hombre? —preguntó al jefe del servicio.

—¡Ah, Lola! Fue su amor imposible. La recuerda constantemente —respondió aquél.

El joven prosiguió hasta llegar a una celda acolchada en la que había otro interno que se golpeaba la cabeza contra la pared y exclamaba: «Lola, Lola, ¡Lola!...».

Enseguida volvió a preguntar:

—¿El problema de este paciente es a causa de la misma Lola?

—Efectivamente. Pero éste es el que se casó con ella.

Voy a dedicar el presente capítulo a explicar mejor la renuncia, el segundo paso que vimos antes y al que también llamé «aprender a andar ligero». No en vano se trata del paso esencial.

Cada día que pasa tengo más claro que el éxito de la terapia, de todo crecimiento personal, podría resumirse en esto: «Ser feliz en el vertedero». Y que la infelicidad es consecuencia de lo contrario, de lo que podríamos llamar «desear estúpidamente permanecer en el paraíso».

Si comprendemos bien estos dos conceptos, «ser feliz en el vertedero» frente a «permanecer en el paraíso», ya habremos realizado buena parte del cambio hacia la fuerza y la estabilidad emocional. Tras este momento de comprensión, nuestra transformación ya sólo dependerá de la práctica.

Veámoslo.

La curiosa depre post-Erasmus

En 1991 tuve la suerte de ser estudiante Erasmus. Fui aceptado en un programa de intercambio de estudiantes europeos que acababa de inaugurarse. Fue un año precioso de mi vida. Con veintiún años recién cumplidos, emigré desde Barcelona a la magnífica Universidad de Reading, en Inglaterra.

Vivíamos en un campus enorme, con casas y residencias de estudiantes; había personas de todas partes del mundo, y lagos y prados bellísimos...

En aquellos primeros años del programa Erasmus, nadie sabía bien qué hacer con los estudiantes de intercambio: ¡la mayoría ni siquiera conocía la lengua de destino! Los profesores nos miraban con simpatía y cierta confusión. Pero «a río revuelto, ganancia de pescadores», como se dice: me alegró mucho saber que no teníamos que hacer exámenes. ¡Aquello era el paraíso del estudiante!: un entorno precioso, mil experiencias por vivir fuera de casa, poco trabajo y mucha cerveza.

Pero lo extraño desde un punto de vista psicológico fue el hecho de experimentar la depre post-Erasmus. Es decir, cuando terminó aquel curso y volví a España, de repente, sin esperarlo, me invadió cierta sensación de infelicidad y desorientación. Y lo curioso es que conocí muchos casos como el mío: otros estudiantes deprimidos después de aquel año genial.

Pero ¿por qué estaba mal después de haber vivido un año tan bueno? Tendría que estar contento por haber terminado mis estudios con un expediente brillante, y había aprendido inglés y había tenido unas experiencias muy enriquecedoras. Además, ¡me esperaba una estupenda vida por delante!... Pero lo cierto es que, aunque no entendía bien por qué, no estaba satisfecho: me quejaba de mi ciudad, de mis amigos, ¡de mí mismo!

Sólo muchos años después comprendí cuál era el problema. Se debía ni más ni menos que a la causa fundamental de la neurosis, la depresión, la ansiedad, la anorexia, las obsesiones, los celos... ¡la infelicidad humana!

Permanecer en el paraíso

El ser humano tiene la capacidad única de comparar. Es una gran habilidad mental, pero también le acarrea un montón de malos rollos.

Nos pasamos todo el tiempo comparando y evaluando: ¿El restaurante de hoy es bueno?: ¡sí o no!... La respuesta depende de las experiencias anteriores. ¿Mi trabajo me gusta? ¡También depende de lo que hayamos vivido antes!

Para el que ha comido siempre lo mismo, una comida sosa

y aburrida, cualquier restaurante le parecerá una maravilla. Y para quien haya sido esclavo en unas minas de carbón, cualquier trabajo decente le parecerá un chollo.

Las diferentes vivencias acerca de las cosas dependen de las experiencias pasadas y de la evaluación que hacemos a partir de ellas. Y así creamos nuestros estados emocionales en todo momento.

Mi depresión post-Erasmus se debió precisamente a eso, a que aquel año había sido tan explosivo, tan interesante y gozoso, que mi mente me decía que mi vida en Barcelona era un peñazo. Y que irremisiblemente iba a continuar siéndolo, ya que lo que me esperaba no se le parecía en nada a mi paraíso perdido: a) entrar en el mundo laboral y abandonar el estudiantil; b) retomar una vida monótona en España en vez de la emoción de vivir en el extranjero; c) volver con los amigos de siempre en lugar de hacer cantidad de amigos nuevos.

¡Mi experiencia de infelicidad post-Erasmus me duró unos años! Fue ligera si se compara con una depresión aguda o con cualquier otra neurosis de las que tratamos los psicólogos y psiquiatras, pero su estructura era exactamente la misma.

Sólo muchos años después descifré cómo se había producido y cómo la podía haber evitado. Y, lo que es mejor, me di cuenta de que podía revertir cualquier estado emocional negativo exagerado con la misma metodología. Se trataba de «evitar apegarse a los paraísos» para «estar feliz en los vertederos»: ésa era la clave mental para revertir las neuras.

En efecto, las personas emocionalmente vulnerables siempre están buscando «permanecer en paraísos»; esto es, creen que estarán bien si se hallan en una situación placentera determinada: si encuentran una pareja como la que tuvieron de jóvenes, si recuperan su vida social, si alcanzan una meta soñada o si simplemente ¡se encuentran en el estado emocional correcto!... (que no es más que otro «paraíso perdido»).

¡Y ahí está el origen del problema! Porque los paraísos perdidos no existen. O, dicho de otra forma, están en todas partes. Sólo al comprenderlo de forma profunda —¡o experimentarlo!— alcanzaremos la piedra filosofal de la fortaleza.

Los paraísos están en todas partes

Todo es relativo. Un paisaje suizo de prados verdes y riachuelos transparentes es bellísimo, pero las tierras yermas de Castilla también lo son, como pusieron de manifiesto los poetas de la Generación del 98. Azorín o Unamuno retrataron en sus páginas el páramo, el árbol caído y las rocas peladas y, en gran medida, generaciones de españoles descubrieron esa hermosura oculta.

Dos escenarios en apariencia contrapuestos pueden ser igualmente bellos. ¿Cómo es posible? Muy sencillo: porque los seres humanos nos inventamos esas valoraciones. Tenemos la sensación de que se trata de verdades objetivas y apelamos a características intrínsecas de las cosas pero, al margen de tener el estómago vacío o lleno —y poco más—, todo es inventado, lo bueno y lo malo.

Así que cuando yo me decía a mí mismo que la vida en la Universidad de Reading era fantástica y que no había nada que lo igualase, estaba creando esa realidad, sin darme cuenta de que el mismo goce que tuve en Inglaterra podía tenerlo hasta en la cárcel Modelo de Barcelona —si abría suficientemente mi mente, como había hecho en la citada universidad y como me negaba a hacer ahora en España.

ESTAR FELIZ EN EL VERTEDERO

Así es, las personas más felices y fuertes están la mar de bien viviendo en un vertedero. Y no sólo eso: han practicado tanto el diálogo mental adecuado que hasta se divierten sintiéndose bien en situaciones, a priori, adversas. Porque hay un par de fenómenos que debemos tener en cuenta:

a) el ser humano puede crear SIEMPRE perspectivas diferentes de TODAS las situaciones, de manera que se conviertan en interesantes y gozosas.

b) dominar ese arte, que yo llamo «revertir la emoción», se puede convertir en un goce en sí mismo.

Hace poco tuve un paciente, Arturo, que cambió de manera espectacular con la terapia. Una vez acabada, me envió el siguiente e-mail, que puede ilustrar esta afición a encontrarse bien en situaciones delicadas:

Este verano he tenido una gran experiencia que quiero relatarte porque creo que ejemplifica buena parte de lo que hemos aprendido en terapia. Este mes de agosto me he ido de vacaciones solo por primera vez en mi vida. El primer día que llegué a la montaña me di cuenta de que no había estado nunca solo en verano. De niño iba con mis padres y luego, el resto de los años, con Laura, mi mujer. Claro que esto era antes de que me dejase.

El hecho es que cuando llegué a mi alojamiento me encontré con que se trataba de un maltrecho hostal. Nada que ver con las fotos y los comentarios de internet. La habitación era minúscula, estaba en la calle principal y había bastante ruido hasta bien entrada la noche; y la decoración parecía salida de una peli de la familia Monster.

Supongo que me sentí mal porque estoy acostumbrado a buenos hoteles —por mi trabajo sólo voy a cinco estrellas— y quizá porque al ser las primeras vacaciones que pasaba solo estaba sensible, pero el hecho es que me puse de mal humor. Yo diría que incluso me deprimí un poco.

Pero a diferencia de lo que hubiese ocurrido en mi vida pasada, ¡el mal rollo se me pasó enseguida! Simplemente, me fui a dar un paseo por aquel pueblo para convencerme de que yo, allí, podía ser superfeliz.

¿Y sabes lo bueno, Rafael? ¡Se hizo la magia, como tú sueles decir! ¡Me convencí! Y, al cabo de poco rato, estaba tan a gusto en la habitación de mi hostal cutre iniciando una aventura vital inolvidable.

Pero lo mejor es que todas estas vacaciones —¡y han durado un mes!— he vivido un montón de experiencias como ésa. Lo que tú llamas «revertir la emoción». Todos mis momentos de perturbación —en un restaurante ruidoso, con un pinchazo del coche, en un momento en que me perdí por la montaña— los conseguí transformar en sosiego y paz.

Lo que antes me hubiese cabreado sin remedio, deprimido o estresado, ya no lo ha hecho. ¡Y lo he conseguido con mi propia mente! ¡Una y otra vez! Y bien sabes tú que yo era de esos a los que le molestaba todo, mi vida estaba llena de episodios intolerables, de momentos tristes y todas las demás emociones negativas que existen.

No tengo palabras para expresar la felicidad que me embarga ahora porque sé, a ciencia cierta, que el dueño de mi mente emocional soy yo. ¡Y me encanta!

«Estar bien en el vertedero» implica cambiar el chip en el momento justo en el que uno empieza a sentirse mal y hacer un esfuerzo decidido y masivo para sentirse feliz, independientemente de la adversidad en cuestión. Ésta es la clave de la fortaleza emocional y de la liberación de la hipersensibilidad y de las neuras.

La práctica de revertir las emociones

Como me explicaba en su correo electrónico, Arturo estaba cogiéndole el tranquillo a revertir las emociones mediante su decidida nueva actitud. Cada vez que se sentía perturbado por algo, se daba tiempo para razonar acerca de que «no había nada de lo que quejarse».

Efectivamente, existe una gran satisfacción en el proceso de revertir una emoción negativa porque se trata de algo parecido a un pequeño milagro. En un momento dado podemos estar de los nervios, crispados, asustados... y, en poquísimo tiempo, la mar de bien. Para quien no ha experimentado nunca ese poder personal, será alucinante.

Pero el crecimiento personal requiere de práctica, de mucha práctica, porque en la mayoría de los casos implica cambiar creencias que se han atesorado durante años: «que no puedo estar bien así», «que eso me sienta fatal», «que no soporto esto o lo otro...».

El buen practicante de la terapia cognitiva haría bien en ejercitarse todos los días en revertir las emociones. En ese sentido, veamos qué tipo de actitud le conviene tener frente a la adversidad y las crisis emocionales.

TODO ES SUGESTIÓN

En una ocasión vino a verme un hombre de casi sesenta años con el siguiente problema: hacía poco que se había echado una novia joven, de menos de treinta años, guapa, alegre y llena de vida.

Matías era un hombre de éxito y estaba feliz de haber encontrado a una mujer que, además de hermosa, tenía ganas de comerse el mundo, tal y como él sentía que había que vivir la vida. Pero ahora le acuciaba un «terrible» problema y es que no tenía erecciones con ella. Me explicó:

—¡No es porque no me guste, Rafael! Porque te aseguro que es un pibón. Pero algo me sucede. He probado la Viagra y ni así se me pone dura. ¿Te lo puedes creer?

—Y si te masturbas solo, entonces ¿sí funciona? —pregunté.

—Tampoco. La tengo muerta —concluyó muy abatido.

Matías había ido a varios urólogos que le habían hecho todo tipo de pruebas y no le habían encontrado nada. Pero no tenía erecciones. Y no sólo eso: parecía también que el miembro se le había encogido: ¡era más pequeño!

Estuvimos analizando la cuestión y el hombre me aclaró que el problema había comenzado justo después de irse a vivir juntos, cuando la relación empezó a tomar un cariz más serio. Todo iba bien hasta que una noche ocurrió la desgracia: su pene se negó a elevarse. A partir de ahí ya no volvió a funcionar.

Como vimos durante la terapia, todo el problema de Matías era una cuestión sugestiva. Aquella aciaga noche tuvo un gatillazo, algo nada raro en un hombre de su edad, pero se asustó tanto que, a partir de ahí, se «fabricó» una impotencia psicológica mediante el propio miedo a ser impotente.

Todos los días, desde la noche de marras, una parte de su cerebro se había estado diciendo frases del estilo: «¡Dios mío, que no sea impotente!», «¿Qué haré ahora?», «¿Me dejará?».

En muchas enfermedades psicológicas hay un componente de sugestión: creemos que lo vamos a pasar mal en determinadas situaciones —vertederos— y al final eso es lo que sucede. Incluso el hecho de ser depresivo o ansioso. ¡Y eso experimentamos! Con la correcta programación mental aprenderemos a decirnos que «no tenemos ningún problema» y que vamos a descubrir ya mismo que somos personas maravillosas capaces de ser felices en cualquier lugar y en cualquier situación.

EL TRABAJO CONDUCTUAL

En el mundo de la terapia existe una corriente llamada «conductual» o «conductismo». Muchas veces se asocia a la terapia que yo practico, la cognitiva, para conformar lo que se llama «terapia cognitivo-conductual». La psicología conductual persigue que la persona busque el contacto con lo que le perturba y destruya la asociación «objeto-sensación».

En realidad, es la idea popular de enfrentarse a los miedos para comprobar que son sólo fantasmas. Para la psicología conductual, la evitación es la madre del problema porque, de alguna forma, amplifica el temor. Es como cuando uno se cae esquiando por una pendiente y decide abandonar el esquí porque le ha cogido miedo. En cambio, si se enfrentase inmediatamente, la asociación miedo-situación se puede desvanecer.

La terapia que yo practico tiene muy poco de conductual y mucho de cognitiva. Esto es, nos centramos en los pensamientos que hay detrás de las emociones. Argumentamos acerca de que tal o cual situación no tiene por qué perturbarnos —estar bien en el vertedero—, y en ese sentido no somos conductuales.

Por ejemplo, yo dejé de fumar cuando me convencí de que no necesitaba el tabaco en absoluto, cuando me di cuenta —en profundidad— de que no me daba ningún placer: era sólo un engaño de la mente.

La nicotina es la droga más ingeniosa de la naturaleza, porque produce una ansiedad de base en el fumador y sólo la retira cuando éste fuma. Al cabo de poco rato de haber fumado, la nicotina aumenta la sensación de ansiedad. El cerebro del fumador interpreta esa reducción de ansiedad como placer, pero olvida que el que le causa los nervios en primer lugar es el propio tabaco. Una vez que la persona ve la realidad del tabaco —esto es, que fumar no es un placer sino una tortura basada en pequeñas retiradas de la ansiedad— ya no desea fumar más. Ya no tiene que enfrentarse al problema; su mente lógica lo ha resuelto.

Por lo tanto, nosotros empleamos la astucia y no la fuerza; el pensamiento y no la voluntad. Nuestro método es fácil y no hace uso de la lucha ni de grandes y ásperos esfuerzos.

No obstante, la persona sí tiene que trabajar para cambiar su mundo emocional, aunque se trata de un trabajo emocionante y divertido. Tiene que exponerse al «vertedero» pero con la confianza de que lo puede revertir, que esa situación que teme se puede convertir en un pequeño paraíso. Y lo hacemos con argumentos.

¿Hasta qué punto hay que exponerse?

Muchos lectores se estarán preguntando ahora mismo hasta qué punto hay que exponerse en esta práctica cognitiva. Cuando una persona tiene ataques de pánico, por ejemplo, sufre lo indecible con la ansiedad y le cuesta un mundo enfrentarse a las situaciones donde le puede sobrevenir el ataque. O si se trata de alguien tímido, no le apetece nada estar entre mucha gente ni interactuar...

Mi respuesta es que hay que ser generoso con la exposición y buscar con ilusión la reversión de la emoción negativa. Yo diría que, una vez empezada la terapia —o el trabajo personal—, conviene exponerse todos los días a las adversidades que nos afectan, por lo menos una vez. Durante toda esa exposición intentaremos argumentarnos de la mejor manera posible para transformar la perturbación. Y, al final del día, disfrutaremos de un merecido descanso.

En general, hay que trabajar como quien va al gimnasio y va ganando músculo. Algunos días rendimos más que otros, pero vamos avanzando en nuestro camino de convertirnos en personas excepcionalmente fuertes y adaptables.

Producir los «paraísos»

Las personas más fuertes y felices no buscan «paraísos», ¡los producen! O, dicho de otra forma, convierten los «vertederos» en «paraísos». ¿Cómo lo hacen? Argumentándose que pueden ser felices en cualquier situación. ¡Con convicción y perseverancia!

Uno de mis pacientes me decía en una ocasión que lo que le planteaba la terapia cognitiva era el proyecto de «convertirse en una mezcla entre Mandela y san Francisco de Asís». Nelson Mandela porque fue capaz de aguantar muchos años injustamente encarcelado y ser feliz, y san Francisco de Asís porque estaba exultante aplicándose todo tipo de renuncias (se decía que dormía sobre una gran losa).

¡Y sí! Cuando me planteó está idea, le respondí:

—Pues la verdad es que si nos acercamos a estas personas, seremos muy fuertes. Ellos podían estar genial bajo cualquier circunstancia. Si abrimos nuestra mente a estar bien en los «vertederos», ¿cómo nos encontraremos el resto del tiempo?

Los filósofos estoicos llamaban a este fenómeno «la ciudadela interior»; es decir, poseer un carácter tal que seamos productores de bienestar, independientemente del exterior.

En este capítulo hemos aprendido que:

- Para hacerse fuerte hay que saber crear «paraísos» en los «vertederos».
- El ser humano puede transformar cualquier situación en aprendizaje y goce. El diálogo con uno mismo es la clave en ese proceso.
- «Estar mal», ser depresivo o estresarse tiene un componente de sugestión, y podemos revertir las emociones negativas.
- Lo importante del cambio es entender la situación desde otra perspectiva, sin temor a exponerse.

4

El debate cognitivo

El pequeño Nube Roja se agachó para entrar en la tienda de su abuela. Ésta se encontraba junto al fuego, limpiando tubérculos para la cena. El humo salía por un hueco que había en lo alto y así el interior permanecía siempre cálido y limpio.

Al joven sioux se le veía azorado. La abuela preguntó dulcemente:

—¿Qué sucede, Nube? Te veo mal.

—¡Otra vez mi hermano! Se ha ido con los demás a pescar y me ha dejado solo. ¡Qué rabia me da! ¿Por qué la gente es tan mala, abuela?

—Muy fácil, hijo mío. Dentro de nosotros habitan dos lobos: uno es cariñoso y feliz; el otro, envidioso y ruin. Los dos luchan en nuestro interior.

—¿Y cuál acabará ganando? —preguntó el niño con los ojos bien abiertos.

—No hay duda: el que alimentemos mejor —concluyó la mujer.

En una ocasión me encontraba de excursión por la montaña, cerca de Barcelona. Iba con mi novia, Claudia. Era domingo y hacía un día magnífico; el aire era especialmente puro, de manera que se apreciaban con nitidez los vigorizantes olores de la naturaleza. El cielo lucía muy brillante, como una lámina de charol azul.

Pero aquella mañana, antes de empezar la caminata, ocurrió un incidente. Mientras desayunábamos en un bar de la montaña, la conversación derivó hacia Ana, la mejor amiga de Claudia.

Por alguna razón, Ana me tenía manía. No le caía bien. Y recientemente, en una salida que había organizado yo, había estado quejándose por todo durante todo el tiempo. Para ella, la ruta no valía nada; yo no sabía guiar en la montaña y, encima, siempre según ella, era un mandamás insufrible.

Mi discusión con Claudia fue más o menos como sigue:

—Me gustaría que no invitases más a Ana a las excursiones que yo organice —dije decidido.

—Pero, Rafael, si Ana es un encanto. Y no le caes mal. Es sólo que a veces se pone pesada. Déjalo —dijo en tono cariñoso.

—¡Pero es que ella nunca organiza nada y se cree con derecho a quejarse! Si alguna vez organizase algo, vería lo desagradable que es que te pongan nervioso mientras intentas que todo el mundo esté bien —dije alzando la voz.

Tras hablar un rato del tema, nos pusimos en marcha, montaña arriba. Pero yo todavía estaba enojado porque no había conseguido que Claudia accediera a vetar a Ana en nuestras salidas. Así que aceleré el paso. No tenía ganas de ir al lado de Claudia. Y a cada recodo me iba encendiendo más con mis pensamientos: «¡Joder, vaya novia que tengo: no me defiende ni me apoya! ¡No pienso coincidir más con Ana! ¡Es tonta del culo!».

Claudia, que es una de las personas más dulces que conozco, iba por detrás resoplando. Es leal, cariñosa, detallista e incapaz de hacerle daño a nadie, ni aunque salga perjudicada. Pero, en ese momento, eso no impedía que mi enfado fuese creciendo desbocado en mi dura cabezota. Estuve de morros durante una hora aproximadamente: no hablaba, ponía caras largas y caminaba a un ritmo exagerado, a modo de castigo.

Pero, quizá gracias al espíritu de Epicteto —mi filósofo preferido de la Antigüedad—, algo cambió en mí. Aún perturbado, me detuve a contemplar desde un montículo los montes atiborrados de árboles, de preciosos colores, y me percaté de algo: con mi enfado sólo me estaba perjudicando a mí mismo y a la persona que más quería.

Me dije: «Rafael, ¿no estarás haciendo el ridículo y arruinando este maravilloso domingo por una tontería?».

Vi a unos buitres volando majestuosos por encima de mi cabeza, recortados en el cielo azulísimo de la mañana, y me di cuenta de que estaba desperdiciando el momento. ¡Y cada jornada que vivimos es un milagro que no volverá a repetirse!

Así, logré que mi Epicteto interior insistiera enérgico: «¡Ya basta de hacer el crío! ¡Da media vuelta ahora mismo, pídele perdón a tu novia y dale un beso como se merece!».

Me giré y vi que Claudia estaba lejos, jadeante. Di un paso hacia ella, pero de pronto apareció otra voz en mi mente. Esta vez se trataba de mi parte infantil e irracional: «Pero, Rafael, ahora no puedes cambiar como si nada. ¡Estás muy enfadado! ¡Ana es una capulla y Claudia te traiciona al defenderla! ¡No puedes consentir ese comportamiento, es intolerable!». Cómo no, mi mente neurótica se empeñaba en argumentar en favor de la ira.

Un golpe de aire fresco azotó mi cara y me volvió a recordar que la montaña me esperaba, que tenía ante mí toda la naturaleza y la felicidad del mundo. Entonces me dije: «¡Basta de tonterías!». Y allí mismo me di la vuelta para deshacer esa estúpida situación que había creado. En unos minutos, tras unas carantoñas, ya estábamos de nuevo en el sendero, pletóricos como de costumbre.

No es que esta historia sea gran cosa pero, por alguna razón, se me ha quedado grabada. Seguramente porque transcurrió de forma muy rápida: alcancé un buen nivel de ira —en unos cuarenta minutos— y logré eliminarla en unos diez minutos.

En todo caso, ese debate que tuve conmigo mismo es un ejemplo del trabajo que hacemos en la terapia cognitiva. Como ya hacía el filósofo Epicteto en el siglo I, nos transformamos a través del DEBATE con nuestra propia mente. Una y otra vez, de manera intensa, acaparadora, hasta que cambiamos nuestra manera de pensar y de sentir.

La esencia de la técnica cognitiva consiste en revertir las emociones negativas mediante el diálogo con uno mismo, con acumulación de argumentos, hasta ver las adversidades con otra luz.

Se trata de cambiar la emoción negativa mediante nuestro pensamiento ¡al momento! Y si lo hacemos bien, pasaremos a encontrarnos renovados, experimentando una inusual sensación de bienestar y de encajar en el mundo. Básicamente consiste en convencernos de que la experiencia que nos fastidia no tiene por qué hacerlo: una espera demasiado larga en el supermercado, el abandono de nuestra pareja, un dolor físico o la propia sensación de ansiedad.

El resultado del debate siempre será algo así: «Esto no me va a impedir ser feliz; es más, voy a tener un día maravilloso porque estoy vivo y tengo mil posibilidades de gozar, independientemente de lo que suceda».

Aunque, como veremos a continuación, se trata de convencerse con argumentos. No estamos hablando de mero pensamiento positivo. Es esencial que adquiramos una nueva filosofía antiqueja bien asentada en la razón.

LAS DOS FASES DEL DEBATE COGNITIVO

El debate cognitivo tiene dos fases:

a) Determinar el apego: qué creemos que es tan importante.
b) Activar la renuncia: quitarle toda esa absurda relevancia.

Veamos un ejemplo. Marcos, de cincuenta y pico años, era directivo de una empresa de seguros. Vino a verme porque estaba permanentemente tenso y padecía insomnio. El trabajo le estresaba tanto que, desde hacía un año, cada domingo tenía un ataque de ansiedad ante la amenaza de la llegada del lunes.

Lo primero que aprendió en la terapia fue a detectar cómo se provocaba a sí mismo el estrés. Sin apenas darse cuenta, se decía: «TENGO QUE ser un trabajador absolutamente capaz. En la vida UNO DEBE hacer las cosas totalmente bien: al menos en el trabajo. Si me echasen de la empresa, sería un lamentable FRACASO como persona; y mi vida, un completo DESASTRE». Estas frases resumían su ideología hiperpresionante acerca del trabajo, aunque él ni siquiera era consciente de que se exigía tanto.

¿A qué se apegaba Marcos? Al trabajo, a su imagen de persona eficaz y al estatus. Con la argumentación adecuada —que veremos con detalle en los próximos capítulos— Marcos aprendió a renunciar mentalmente a todo lo que consideraba tan importante. La segunda fase del debate cognitivo, por lo tanto, consistió en activar la renuncia.

LA RENUNCIA

Con la renuncia conseguimos estar felices pese a las adversidades. Sí, los seres humanos podemos disfrutar de la vida al margen de las adversidades porque éstas no son más que amenazas motivadas por apegos innecesarios. Si, a través de la lógica, renunciamos a la posibilidad de perder esto o aquello, ¡se hace la magia! Las situaciones temidas no nos importan demasiado.

Así, mi paciente Marcos aprendió a renunciar —mentalmente— a todo lo relativo al trabajo. Se dio cuenta de que nadie necesita ser eficiente ni trabajar. Lo único necesario es amar la vida y a los demás. Entendió que si le despedían, podría ser feliz de muchas otras formas. De hecho, no se moriría de hambre porque su mujer estaría encantada de mantenerlo —con tal de que dejara de estar tan mal— y él iba a poder dedicarse a sus aficiones: la egiptología y la enseñanza.

La renuncia es un ejercicio mental que nos sirve para quitarle la excesiva importancia que le damos a todo. Y, paradójicamente, una vez que lo hacemos, todo se vuelve mucho más manejable: empezamos a disfrutar de nuevo de nuestras tareas y tenemos más éxito.

Para llevar a cabo la renuncia tenemos que acumular todos los argumentos que nos convenzan de que en la vida necesitamos muy poco para ser felices. Por ejemplo, el argumento de la sana comparación: «¿Existen otras personas que nunca han poseído eso que yo temo perder y, pese a todo, son felices?».

También contamos con la técnica de «la pregunta de las acciones valiosas»: «¿En qué medida tal adversidad me impide —o impediría— hacer cosas valiosas por mí y por los demás?».

Las respuestas a estas preguntas es que SÍ existen personas que son felices con muy poco y SIEMPRE hay cosas valiosas para hacer que nos pueden llenar.

En psicología cognitiva empleamos todos los argumentos posibles para convencernos de que no hay que «preocuparse» NUNCA, porque pensamos que se trata de una emoción estúpida y paralizante. Es mucho más útil estar siempre alegre, activar el disfrute y «ocuparse» de nuestros objetivos sin un ápice de temor.

Está bien sentir un pequeño disgusto con alguien como Ana, que me tenía manía o quizá sentía celos de que Claudia fuese mi novia. Pero se me pasará antes si no hago un mundo del asunto.

Es útil desear hacer el trabajo lo mejor posible, pero es absurdo meterse tanta presión como hacía Marcos, que llegó a no poder dormir por las noches.

Y la única forma de lograr «ocuparse» y «no preocuparse» es la renuncia. Se trata de decirse a uno mismo: «Bueno, y si no lo lograse, tampoco sería el fin del mundo».

EL DEBATE COGNITIVO		
ADVERSIDAD	FASE 1: Determinar el apego	FASE 2: Activar la renuncia
Me estreso en el trabajo	Si me despiden, seré un FRACASO total.	Para ser feliz no necesito tener empleo.
	Como persona, DEBO hacer mi trabajo absolutamente bien.	La eficacia no es el principal valor de las personas, sino nuestra capacidad de amar.
	Mi familia y amigos pensarán que soy un INÚTIL.	Si los que me rodean piensan eso, es que tienen un sistema de valores equivocado. El problema es suyo, no mío.

DE MAL A BIEN, EN VEINTE MINUTOS

En la técnica del debate otro factor importante es buscar la transformación de la emoción: revertir la sensación negativa en el momento para pasar a sentirnos genial.

Una experiencia de transformación como ésta es muy potente porque las personas creemos en el poder de las emociones negativas: ¡las vemos demasiado sólidas! ¡Nos tragamos su fortaleza! Por ejemplo, si nos abandona nuestra pareja y nos deprimimos, creemos que la depresión es real y que no se nos pasará con facilidad. Sin embargo, eso no tiene por qué ser así. Yo he presenciado en mi consulta, en innumerables ocasiones, cómo una persona «abandonada» deja de estar mal en una sola sesión: ¡para siempre! ¡Entra fatal y sale encantado de la vida, y ahí se ha acabado el problema!

Si deseamos transformarnos en personas fuertes y felices en todos los ámbitos de la vida tenemos que buscar esa capacidad de cambio de la emoción negativa en cada momento. ¡Y podemos hacerlo!

Es posible que no logremos la transformación de la emoción en todas las ocasiones, pero hemos de intentarlo siempre. Si no lo conseguimos, mala suerte; pero al día siguiente hay que intentarlo de nuevo. Con esta disciplina iremos conformando una nueva mente, más fuerte y feliz.

SIN TERRIBILITIS

Antes de acabar este capítulo y pasar a practicar el debate cognitivo con ejemplos de las neuras más típicas, vamos a definir un término que emplearé a lo largo de todo el libro: la «terribilitis» o «terribilización».

Cuando mis pacientes se quejan excesivamente de las adversidades, les suelo decir que están «terribilizando». Cuando «terribilizamos» nos decimos a nosotros mismos: «Esto es insoportable, terrible, no lo puedo soportar», y es ese diálogo lo que produce emociones negativas exageradas.

Con el debate cognitivo «desterribilizamos»: aprendemos a ver cualquier problema como una minucia, tal y como se dirían a sí mismos Mandela o san Francisco... Porque queremos ser como ellos, ¿verdad?

En este capítulo hemos aprendido que:

- La técnica cognitiva consiste en cambiar el diálogo interno, en quitarle importancia a los pensamientos negativos exagerados que tenemos.
- El debate cognitivo consta de dos fases:
  a) identificar el apego: consiste en darnos cuenta de qué nos decimos exactamente para deprimirnos: siempre es un bien al que no que queremos renunciar.
  b) renunciar a él: implica comprender que nunca hemos necesitado ese bien para ser felices.
- El método cognitivo emplea argumentos para convencerse, no se trata sólo de pensamiento positivo.

SEGUNDA PARTE

Hacerse con la metodología

5

Modelos de fortaleza emocional

Un joven llamado Sira ingresó en un monasterio donde se practicaba un estricto silencio. Cada cinco años, los monjes despachaban con el abad pero sólo podían pronunciar dos palabras.

Al finalizar el primer largo quinquenio, Sira fue llamado ante el anciano.

—¿Algo que decir? —preguntó el superior.

—Cama dura —respondió el muchacho.

Transcurrieron otros cinco años y se repitió la escena. El abad preguntó:

—¿Algo que decir?

—¡Comida pésima! —exclamó Sira.

Y al cabo de otro quinquenio:

—¿Algo que decir?

—Lavabo apesta.

Tras otro período de cinco años, y ya habían pasado veinte:

—¿Algo que decir?

—¡Me marcho! —respondió el monje.

—¡Menos mal! ¡Porque, desde que estás aquí, no has hecho más que quejarte! —concluyó el sabio abad.

Los seres humanos estamos ligados unos a otros. Hasta ahora la ciencia no se pronuncia, quizá sean hormonas que desprendemos o campos magnéticos que emitimos... Pero lo cierto es que nada es más impactante para una persona que un congénere. Infinidad de personas se han visto emocionalmente golpeadas por otras, sacudidas e influenciadas. Por ejemplo, muchos jóvenes, tras presenciar el desempeño genial de un artista, han decidido dedicar toda su vida a ese arte.

Jesucristo, Buda y Lao Tsé fueron modelos que transformaron buena parte del curso de la humanidad. Y, desde hace muchos años, el mío ha sido el británico Stephen Hawking, el científico en silla de ruedas. ¿Cuántas de mis meditaciones no han estado protagonizadas por él? Desde hace unos años, muy temprano por la mañana, siempre hago media hora de natación/meditación. Mientras doy brazadas, muchas veces me pregunto: «¿Qué pensaría Stephen Hawking de esto o de lo otro?». Bajo su criterio, todas mis preocupaciones se desvanecen.

Este capítulo lo considero esencial. En él se describen algunos megamodelos de fortaleza emocional. Que nadie dude de que, leyendo sobre ellos, rayos de su sabiduría penetran por alguna parte de nuestro cerebro hasta alojarse en nuestra mente emocional.

APRENDER DE UN CHAVAL

Un paciente que se llamaba Rubén vino a verme y me dijo: «Soy depresivo». Tenía cuarenta y tres años y con esa declaración quería decir que siempre había sido triste y que carecía de capacidad para disfrutar de las cosas. Además, me confesó que solía preocuparse en exceso por todo. Por ejemplo, en aquellos momentos su novia quería vender su casa y eso a él le suponía un gran estrés. Le pregunté por qué y me enumeró toda una serie de posibles incidencias: no conseguir un buen precio, no encontrar otra vivienda que les gustase, agobiarse con el traslado...

Rubén estaba pasando por una racha en la que la depresión y la ansiedad se habían acentuado y, en realidad, acudió a la consulta empujado por su novia. Él no confiaba mucho en poder cambiar. Me miraba con desconfianza y tenía una actitud de lo más pasiva. Me di cuenta de que le convenía saber que el cambio ¡es posible! De lo contrario, no iba a abrir su mente ni a esforzarse en la terapia. Entonces decidí hablarle de Daniel Stix.

Supe de Daniel a través de la revista *XL Semanal*. Se trataba de una entrevista para promocionar su libro *Con ruedas y a lo loco*. En las fotos aparecía guapo y saludable: un muchacho de diecisiete años en la explosión de su crecimiento. Pero, como ya adelantaba el título de su libro, una silla de ruedas le acompañaba a todas partes. Daniel nació con cáncer. Tenía un gran bulto en la espalda y los médicos decidieron operarle y tratarle con quimioterapia. A los ocho días de nacer fue sometido a su primera sesión. ¡Un buen comienzo en la vida! Al final del tratamiento le tuvieron que extirpar un riñón pero, en contra de todo pronóstico, sobrevivió, aunque se quedó paralítico.

Este joven madrileño, que es campeón paralímpico en diferentes deportes, le decía al periodista:

Yo no me siento diferente. A ver, paralítico soy. Nací con cáncer. Mis padres, como muchas otras personas, no sabían que un bebé podía nacer con cáncer. La probabilidad de tener un neuroblastoma congénito es muy pequeña y los médicos no me daban muchas probabilidades de sobrevivir. Pero lo hice y supongo que en ese sentido he tenido suerte. Pero en todo lo demás soy una persona normal: ¡con toda la vida por delante!

Le enseñé a Rubén las dos fotos que salían en el artículo: en una se veía a Daniel con la camiseta de la selección paralímpica de baloncesto saludando al público y en la otra salía de niño, cuando tenía cinco años, en una pequeña silla de ruedas. Le dije:

—Daniel Stix es positivo y fuerte, como muchas personas con discapacidad que he conocido. Tú, amigo mío, tienes buena salud y, sin embargo, no lo eres. Este chico de diecisiete años, con su diálogo interno a prueba de bomba, tiene mucho que enseñarnos, ¿no crees?

Rubén observó las imágenes durante unos largos segundos. Parecía captar el mensaje pero, de repente, dio una cabezada y espetó:

—Pero este chico está bien del coco. ¡Y yo no! ¡Mi enfermedad es mucho peor! No hay nada más jodido que ser como yo.

—Te equivocas —respondí enseguida—. Si tú «estás mal del coco» es porque llevas toda la vida quejándote de adversidades reales y futuras. Y si él es mentalmente fuerte es porque decidió, desde niño, que no se lamentaría jamás. ¡Puedes cambiar! Él es fuerte por decisión propia y gracias a un constante trabajo mental.

Y acto seguido le señalé otro párrafo de la entrevista de Daniel en el que decía:

> Nunca he pensado que estar en silla de ruedas sea una adversidad, aunque sé que en muchas cosas tengo que esforzarme más que el resto. Yo creo que, en general, he tenido mucha suerte. Estoy muy agradecido de la cantidad de oportunidades que se me han presentado.

Rubén lo leyó y se quedó callado. Casi podía ver cómo carburaba su mente. Estábamos consiguiendo que trabajara en la dirección correcta, lo opuesto a su estilo de pensar habitual. Proseguí:

—Y mira lo que dice aquí: «Se trata de adquirir la mentalidad correcta. Hay gente que se queda en silla de ruedas y se amarga la vida. Pero si ves la luz, te das cuenta de que la felicidad no depende de ser cojo o no serlo».

El joven Daniel Stix nos estaba dando la clave. La psicología cognitiva nos enseña precisamente eso: todo está en la cabeza y la fortaleza emocional se puede adquirir; se trata de mentalizarse siguiendo la dirección adecuada. Mi paciente también podía conseguirlo.

Durante las siguientes sesiones con Rubén debatimos acerca de sus miedos. Vimos cómo hablaba acerca de ellos y, por otro lado, qué se diría a sí mismo el joven Daniel. Por ejemplo, revisamos el asunto de la casa de su novia. Yo le coloqué en la «peor fantasía», una técnica muy útil para desterribilizar.

—¿Qué es lo peor que puede suceder con la venta de la casa?

—¿Lo peor? —dijo sonriendo con socarronería—. ¡Pues que mi novia se quede en la calle!

—Y entonces, ¿se morirá de sed, de hambre, de frío? —pregunté.

—Bueno, no —dijo medio riendo—. Se vendría a vivir conmigo, pero estaríamos muy estrechos en mi apartamento.

—Rubén, respóndeme: ¿qué tiene que ver la estrechez con la felicidad? Déjame que te lea esto que dice Daniel Stix: «Mis vacaciones preferidas son en la playa. La silla no funciona allí, pero he aprendido a arrastrarme. Y si en el agua me puedo hacer heridas con la arena, me pongo un neopreno. Para mí, los obstáculos son desafíos y siempre consigo superarlos y pasarlo bien».

Rubén iba comprendiendo. Su problema de depresión se reducía a una sucesión de quejas —o «terribilitis»—. Pero ahora estaba empezando a adquirir «la mentalidad correcta», como decía el propio Daniel Stix. Si lograba cambiar sus creencias acerca de cada adversidad, sus abrumadoras emociones negativas iban a desaparecer para siempre.

SER EXCEPCIONAL

Las personas que describiré en este capítulo son todas excepcionales, como Daniel Stix, y es muy importante darse cuenta de que todos podemos serlo. La terapia cognitiva va más allá de curarse las neuras: dejar de ser depresivo, de sentir celos, de preocuparse... Nuestro objetivo es mucho más ambicioso: aspiramos a ser personas como Daniel Stix, o Ana Amalia y Lary León, los dos ejemplos que siguen. Nosotros queremos —y podemos— convertirnos en seres situados en el mundo con una energía especial, capaces de transformar cualquier situación en una apasionante aventura vital. Todos tenemos la opción de vivir cada minuto con pasión, alegría y capacidad de «reinvención».

En una ocasión tuve una paciente fantástica que llevó a cabo la terapia cognitiva en profundidad. Y, en consecuencia, experimentó un cambio radical. Montserrat pasó de estar ingresada varios meses al año en unidades hospitalarias de depresión y ansiedad a ser la persona más fuerte y alegre de su familia. Con gran creatividad, me explicó que había desarrollado un tipo de meditación que llamaba «microvisualizaciones» y que consistía en concentrarse continuamente, a cada hora del día, en hacerlo todo de forma racional, disfrutando, apartando toda queja de su mente. Con ese trabajo, Montserrat se había convertido en una persona excepcional. Toda su familia estaba sorprendida con su transmutación. De hecho, cuando tenían problemas acudían a ella.

Al igual que en los ejemplos que veremos a continuación, lo que definía ahora su personalidad era su determinación a vivir de forma apasionada, en todo momento, sucediera lo que sucediese.

SIMPLEMENTE REINVENTARSE

Otro de mis modelos de los últimos años es Ana Amalia Barbosa, brasileña de cuarenta y nueve años, que se quedó tetrapléjica tras sufrir un ictus cerebral a los treinta y cinco. La conocí gracias a una entrevista que le hacían en el periódico

El Mundo. Ana Amalia no puede mover ninguna parte de su cuerpo a excepción de algunos músculos de la cara. Tampoco puede hablar ni tragar. Sin embargo, vive una vida apasionante dedicada a enseñar a niños con parálisis cerebral y a la investigación en esa área.

Ana Amalia se comunica con el mundo a través del parpadeo, con el que indica letras en un abecedario. ¡Y así escribe libros! Y también pinta con un programa informático que capta los movimientos del mentón.

Encontré algunas fotos suyas en internet: es morena, lleva el pelo corto y mantiene siempre una tenue sonrisa. Mide un metro sesenta y va encajada en una silla de ruedas que parece enorme. Ana Amalia es muy conocida en Brasil porque, desde su inmovilidad, lleva a cabo una gran labor con los niños con parálisis cerebral. Obtuvo un doctorado cum laude en la Universidad de São Paulo, una de las más prestigiosas de Latinoamérica. Además, Ana Amalia escribe libros sobre su experiencia vital. Claro, siempre a través de sus asistentes, que traducen a palabras sus parpadeos y señales.

Ana Amalia necesita asistencia para muchas de sus labores, pero no le faltan colaboradores. Una profesora le ayuda, cada día, a dar clases a los niños con presentaciones de Power Point. En otra entrevista que encontré en la red, esta joven asistente afirmaba, entre lágrimas, que trabajar con Ana Amalia era lo más grande que le había pasado en la vida porque su jefa le estaba enseñando, literalmente, a vivir a lo grande.

En la entrevista de *El Mundo*, cuando le pidieron a Ana Amalia que definiese su vida tras el ictus ella respondió con una palabra: «reinvención». No hablaba de «esfuerzo», ni siquiera de «adaptación», sino que escogía una palabra mucho más positiva: veía su situación como una oportunidad para aprender a hacer nuevas cosas, para llegar más profundamente a las personas, para renacer en otra piel.

En los últimos tiempos, Ana Amalia me ha ayudado con muchos pacientes. Cuando vienen especialmente bajos de moral les saco la entrevista de *El Mundo* y les pregunto: «¿Qué te diría esta mujer de tu situación? ¿Tienes motivos para quejarte?».

La periodista que entrevistó a Ana Amalia se fijó en que ésta llevaba colgado un tarjetón con el abecedario impreso para que su asistente —o cualquier persona— descifrase su deletreo a base de parpadeos. El maravilloso detalle era que Ana Amalia se había hecho hacer tarjetones de diferentes colores para que hiciesen juego con la ropa del día. Según explicaba su madre, Ana Amalia era muy presumida y no había dejado de serlo después del accidente.

Fuerza, alegría de vivir, energía, belleza: todo eso está a nuestro alcance —en cualquier situación— si nos enfocamos adecuadamente, con decisión.

La terapia cognitiva nos enseña a no quejarnos jamás. Las personas más fuertes y felices desconocen el lamento porque creen honestamente que no hay nada tan malo que pueda impedirles ser felices. Ana Amalia es una muestra de ello. Pero nosotros muchas veces nos empeñamos en ver nuestra adversidad como algo intolerable: que si nos ha abandonado nuestra pareja, que si estamos en paro..., ¿qué es todo eso comparado con la extrema parálisis de Ana Amalia? ¡En este mundo no hay ninguna razón real para quejarse! ¡A gozar de la vida ya!

Entre las incapacidades de Ana Amalia está el hecho de que no puede masticar ni tragar, así que la alimentan con unas papillas especiales que le inyectan por vía gástrica. Pero su verdadera alimentación no tiene que ver con la comida. Ella toma su fuerza vital de su forma de pensar racional. Y es que la vida está llena de oportunidades para los que no se quejan y se abren a las posibilidades más hermosas de la vida.

UNA AUTÉNTICA SIRENA

Quizá el principio que mejor resume la filosofía de la psicología cognitiva sea éste: «Podemos ser felices en cualquier situación», ya estemos en prisión, esperando a que nos operen en un hospital o suframos de ansiedad crónica. ¡Todo está en nuestra cabeza! Y debemos alegrarnos porque se trata de una certeza. Si algo nos perturba en un momento de nuestra vida, es debido únicamente a que nos creemos que la situación es «muy» comprometida y generamos un escenario mental que nos hace vivirla así.

En mis conferencias también suelo mencionar a los grandes viajeros porque son capaces de disfrutar en prácticamente cualquier circunstancia. Para ellos las situaciones complejas nunca son abrumadoras; en todo caso, vibrantes momentos de aprendizaje.

Todos podemos aprender a ser así con cada una de nuestras adversidades. ¡Borremos de nuestra mente esa absurda creencia de que no podemos estar bien aquí o allá, así o asá! ¡Y hágase la magia!

Lary León es una periodista muy hermosa que trabaja en Antena 3. Tiene unos treinta y cinco años y acaba de escribir un libro sobre su vida que se titula *Lary, el tesón de una sirena*. Esta guadalajareña nació con unos bracitos incompletos (como amputados a la altura del antebrazo) y una sola pierna; pero ha sido y es una persona «completa» en todos los sentidos. Más que completa: es un faro de alegría y vitalidad para la gente que la rodea.

Cuando habla de sí misma, Lary explica que de pequeña creía que era una sirenita porque tenía aletas (por brazos) y una cola larga y hermosa (su única pierna). Y lo mejor es que sigue pensando que lo es, aunque ahora de forma metafórica: un ser mágico que está en este mundo para ayudar a despertar a los demás.

Lary es un ser excepcional porque ha aprendido que la felicidad depende de lo que hacemos con lo que tenemos, no de nuestra situación en sí. En una entrevista de televisión decía: «Yo descubrí hace mucho tiempo que tengo una misión en la vida y es enseñar con mi ejemplo que todos podemos amar la vida y gozarla». ¡Abramos bien las orejas! Y añadía: «Cualquier discapacidad es una oportunidad para desarrollar una supercapacidad que, en muchos casos, supera todas las expectativas que teníamos sobre nosotros mismos».

Eso es: cualquier adversidad es una oportunidad para desarrollar otras formas de gozar, más refinadas y hermosas. En el capítulo 14 se afirma que la depresión no es una desventaja y se explica que cualquier adversidad, incluso la depresión, puede ser un camino hacia la virtud. Y esa virtud —amar a los demás, ser amable y honesto— puede llevarnos ¡a la Cuarta Dimensión de la Existencia! Todo —hasta el dolor— puede transmutarse en disfrute si sabemos aprovechar el momento desarrollando una supercapacidad. Entonces todos seremos sirenas y supermanes. De los de verdad.

Los tres modelos de fortaleza emocional que hemos visto —Daniel Stix, Ana Amalia Barbosa y Lary León— no son más que algunos de los cientos de miles que existen en el mundo. Por alguna razón, ellos han llegado a los medios de comunicación, pero el 99 % restante convive con nosotros en el anonimato.

Cada vez que nos veamos perturbados por alguna emoción, acudamos a ellos y reforcemos nuestro compromiso con la terapia y la fortaleza mental. Desde ese momento formaremos parte de su equipo, de los que trabajan —sin denuedo— por aumentar día a día su capacidad emocional.

CARRUSEL DE MODELOS

En una ocasión, un paciente muy avanzado me explicó una técnica meditativa que había desarrollado. Consistía en reflexionar sobre lo siguiente: «¿Qué me dirían mis modelos de fortaleza emocional sobre mis posibilidades en la vida?». Y entonces yo me imaginaba a Stephen Hawking, Christopher Reeve (alias Superman), Albert Casals... —y a todos los que he ido describiendo en mis libros— en un carrusel de imágenes cortas, uno tras otro. Mi paciente realizaba este ejercicio cada vez que tenía la tentación de quejarse de algo y también como meditación diaria.

Recordemos aquí algunos de los modelos que he ido describiendo en mis libros:

- Stephen Hawking, el científico en silla de ruedas que lleva más de cuarenta años sin poder moverse ni hablar.
- Thomas Buergenthal, el juez de la Corte Internacional de La Haya que de niño estuvo en un campo de exterminio nazi y decidió ser feliz.
- Nick Vujicic, el joven sin brazos ni piernas que se dedica a dar charlas de superación y que acaba siempre dando un abrazo a cada participante.
- Albert Casals, el chico en silla de ruedas que viaja por todo el mundo, sin dinero, desde los quince años.
- Jean-Dominique Bauby, el periodista que se quedó tetrapléjico como Ana Amalia y que escribió el bello best seller *La escafandra y la mariposa*.

Si los tuviésemos delante, ¡nos ofrecerían una visión de la vida radicalmente positiva! Nos dirían algo así: «¡Muchacho, no tienes nada de lo que quejarte! Sea cual sea tu problemática, la vida te está esperando para que te la comas. ¡Olvídate de esa minucia y disfruta!».

El carrusel de modelos es una maravillosa herramienta que yo mismo he adoptado en mi gimnasia emocional diaria y puedo certificar que funciona. ¿Cómo no lo iba a hacer con maestros de tanta categoría?

En este capítulo hemos aprendido que:

- La gimnasia mental nos ayuda a ser fuertes a nivel emocional.
- Los modelos de fortaleza nos dicen que el secreto está en el diálogo interior. No nacieron siendo así de sabios, por lo que todos podemos aumentar nuestra capacidad emocional.
- El carrusel de modelos es una herramienta con la que visualizamos a varios modelos de fortaleza diciéndonos lo que harían de estar en nuestro lugar.

6

Sintonizarse en la armonía

Un joven acudió a un campamento de leñadores para pedir trabajo. El capataz, al ver que era fuerte, lo aceptó sin pensárselo. Podía empezar al día siguiente.

Durante su primer día en la montaña trabajó mucho y cortó decenas de árboles.

El segundo día trabajó tanto como el primero, pero su producción se redujo a la mitad.

El tercer día se propuso mejorar. Durante toda la jornada golpeó el hacha con toda su furia. Aun así, los resultados fueron muy inferiores.

Cuando el capataz se percató del escaso rendimiento del joven, le preguntó:

—¿Cuándo fue la última vez que afilaste tu hacha?

Y el joven respondió:

—No he tenido tiempo. ¡He estado atareado talando árboles!

En este capítulo hablaremos de una de las herramientas fundamentales de la psicología cognitiva, y también una de las más hermosas. Yo la llamo «sintonizarse en la armonía» y consiste en hacer un esfuerzo por apreciar lo que nos rodea.

Se trata de la tercera pata de la psicología cognitiva, tal y como vimos en el capítulo 2. Recordemos los tres pasos para ganar fuerza emocional:

1. Orientarse hacia el interior
2. Aprender a andar ligeros
3. Apreciar lo que nos rodea (o sintonizarse en la armonía)

Vamos a estudiar con detalle esta habilidad y a aprender a desarrollarla para impulsarnos en nuestra fortaleza emocional.

JOSEFINA, LUZ EN LA OSCURIDAD

Hace muchos años, cuando empezaba a ejercer como psicólogo, colaboré con una asociación de enfermos crónicos. Más bien de enfermas, porque el síndrome de Sjögren afecta mayoritariamente a mujeres maduras. Mi trabajo consistía en conducir una terapia grupal con las afectadas. La enfermedad de Sjögren produce una enorme sequedad en todas las mucosas —boca, ojos, piel—, fuerte dolor muscular y mucho cansancio, y hasta ahora no se conoce cura. Muchas mujeres aquejadas de Sjögren acaban deprimiéndose.

Recuerdo que cada semana me reunía con un grupo de ocho a diez mujeres, de entre cincuenta y sesenta años, alrededor de una gran mesa y hablábamos de estrategias mentales para ser feliz en la adversidad. Algunas eran positivas y alegres y otras eran todo lo contrario: quejicas profesionales.

Pero nunca olvidaré a Josefina, que era una joya. Llevaba unas grandes gafas oscuras para evitar el dolor ocular y siempre mostraba una amplia sonrisa. Era una de las que tenía los síntomas más acentuados y, sin embargo, transmitía luz a las demás: siempre estaba radiante.

En nuestras charlas de grupo, Josefina solía decir cosas muy valiosas:

—Yo salgo todas las mañanas a ver salir el sol, aunque el Sjögren hace que tenga los ojos muy sensibles. Paseo por la playa y, muchas veces, me detengo delante del mar y lloro de alegría.

Esa pequeña mujer nos daba en cada reunión una lección de psicología positiva. Nos contó que «sintonizaba su mente» a diario para apreciar la belleza de la vida y daba gracias a Dios por lo que veía: los colores, el movimiento del mar, el cielo azul... Y atribuía claramente su bienestar emocional a ese trabajo personal. Todos los días, Josefina se iluminaba.

Todos podemos aprender a «iluminarnos» o sintonizarnos en la armonía, esto es, practicar ejercicios de contemplación o de apreciación del entorno que repercuten en nosotros de manera positiva:

- Nos sosiegan.
- Aumentan nuestros niveles de serotonina y dopamina.
- Nos llenan de alegría.
- Disipan nuestros miedos y neuras.
- Nos hacen comprender mejor los principios cognitivos de la salud mental.

ENSANCHAR LA MENTE

Me encanta la historia y en alguna ocasión he leído que los místicos practican ejercicios para «iluminarse» —como Josefina—. Como veremos, no existe mucha diferencia entre sintonizar con Dios y hacerlo con la naturaleza o con la belleza del mundo.

Teresa de Jesús, la famosa mística de Ávila, escribió hacia 1550:

¡OH, HERMOSURA QUE EXCEDÉIS!

¡Oh, hermosura que excedéis
a todas las hermosuras!
Sin herir, dolor hacéis,
y sin dolor, deshacéis,
el amor de las criaturas.
Oh, nudo que así juntáis
dos cosas tan desiguales,
no sé por qué os desatáis,
pues atado fuerza dais
a tener por bien los males.
Juntáis quien no tiene ser
con el Ser que no se acaba;
sin acabar, acabáis,
sin tener que amar, amáis,
engrandecéis nuestra nada.

Santa Teresa describe en este poema la apertura de mente que se experimenta cuando uno se encuentra en completa armonía consigo mismo y con el mundo. Hasta el punto, según dice de forma tan poética, de «tener por bien los males»; es decir, ser feliz pese a las adversidades.

APRENDIZAJE EXPERIENCIAL

Pero ¿en qué consiste específicamente el ejercicio de «sintonizarse en la armonía», «iluminarse», «apreciar lo que nos rodea»? Lo podríamos definir como una práctica para asumir un talante no terribilizador, pero desde la experiencia más que desde la cognición y el debate racional.

Con la práctica de la armonía buscamos experimentar alegría en la situación actual, sin ninguna razón concreta. Sólo queremos disfrutar del presente. Y este ejercicio de disfrute de las pequeñas cosas implica que necesitamos muy poco para estar bien, y éste es uno de los principios de la terapia.

Algunas formas de experimentar esa sintonía son:

- Pasear por la ciudad contemplando su belleza: arquitectura, iluminación, etc.
- Caminar en medio de la naturaleza con la misma actitud contemplativa.
- Escuchar música y apreciarla con deleite.
- Regodearse en pensamientos agradables.
- Trabajar disfrutando del momento: tratar de hacerlo bien y de forma elegante.
- Tener una conversación agradable y apreciarla.
- Disfrutar de las virtudes personales: ser atento con los demás, ordenado, honesto...
- Disfrutar del arte.

Sintonizarse es ejercitarse todos los días en alguna de estas actividades y sentir el placer que conllevan, con el compromiso de orientarse en la vida hacia el disfrute y erradicar la terribilización, la necesititis y la queja.

LOS PASEOS DE LA BUENA SINTONÍA

La psicología cognitiva nos enseña que los estados emocionales son como canales musicales que sintonizamos. Muchas veces nos quedamos pegados a canales negativos, pero podemos cambiar y sintonizar con los canales del buen rollo, de lo armonioso.

Yo practico senderismo desde hace mucho tiempo y es una de las actividades más desestresantes que conozco. Después de caminar durante horas en medio de la naturaleza, sin ningún propósito salvo el de ir de un lugar a otro, uno se relaja casi por completo. Por muy nerviosos que estemos, la charla en buena compañía, los colores y sonidos de la naturaleza, el ejercicio pausado... nos pacifican.

Cuando estamos estresados, acelerados, temerosos o neuróticos es porque estamos pegados al canal equivocado. Se trata del canal de la lucha, del «deber» y de la queja. En ese momento nuestra tarea consistirá en sintonizar otro canal y ahí nos ayudará la búsqueda de la poesía que hay a nuestro alrededor. ¡Y siempre la hay!

En ese sentido, mis pacientes aprenden a dar paseos para sintonizarse. Aprovechando esa cualidad desestresante que tiene el caminar, recorren la ciudad contemplando la belleza de los edificios, los gigantescos árboles, gozando de la brisa, escuchando música por los auriculares...

El siguiente poema de la *Antología de poesía española* de Juan Ramón Jiménez debió de ser fruto de uno de esos paseos armoniosos. En él canta extasiado al álamo, sorprendente árbol que parece bañado en plata. (En Madrid hay un ejemplar majestuoso en el jardín botánico, junto al Museo del Prado.)

AL ÁLAMO BLANCO

Arriba canta el pájaro y abajo canta el agua.
(Arriba y abajo, se me abre el alma.)
Entre dos melodías la columna de plata.
Hoja, pájaro, estrella; baja flor, raíz, agua.
Entre dos conmociones la columna de plata.
(Y tú, tronco ideal, entre mi alma y mi alma.)
Mece a la estrella el trino, la onda a la flor baja.
(Abajo y arriba, me tiembla el alma.)

Cuanto más sintonicemos con los canales de la armonía, más sanará nuestra mente. Cuantas más jornadas de paseo para la sintonía llevemos a cabo, mejor nos sentiremos. Paso a paso, esta labor pacificadora irá haciendo su trabajo.

UNA PASTILLA AL DÍA

En una ocasión, hace muchos años, conocí a una persona que me habló de los paseos para la sintonía y ahora, escribiendo estas líneas, me acuerdo de él. Entonces yo acababa de salir de la universidad y trabajaba temporalmente en una fábrica como técnico de Recursos Humanos. El lugar se hallaba en una zona remota de Zaragoza, a las afueras de un pueblo llamado Mequinenza. Alrededor de la fábrica, todo eran campos y colinas, y había un inmenso lago.

Un mediodía de agosto, en la pausa para comer, Tomás y yo nos pusimos a charlar. Él tenía unos cincuenta años, unos kilos de más y la tez bronceada. Trabajaba como ingeniero técnico a cargo de las máquinas de la fábrica y siempre —siempre— desprendía tranquilidad y alegría. Aquel día hablábamos del estrés y de la salud mental en el seno de una empresa grande como aquélla y dijo:

—Yo, desde hace muchos años, antes de entrar a trabajar me doy un buen paseo por los campos. Me fijo en los frutos, cómo están y cómo crecen, respiro el aire puro y recargo pilas.

—¿Y cuánto duran esos paseos? —pregunté.

—Como mínimo, media hora. Aunque casi siempre tardo una hora.

No por casualidad, Tomás parecía el tipo más feliz de la empresa.

El milagro de las pequeñas cosas

Otra forma de experimentar que la vida es maravillosa y que necesitamos muy poco para ser felices es afinar nuestra capacidad de apreciar lo pequeño. Es lo que en el capítulo 2 llamé la práctica del *wabi-sabi*. Y es que se podría decir que la fortaleza emocional y la felicidad se hallan en las pequeñas cosas de la vida: una copa de vino, un artículo bien escrito, una siestecita después de comer, una ráfaga de aire fresco por la mañana...

Con frecuencia, cuando un paciente está muy ansioso o

deprimido —quizá hundido— le pido que lleve a cabo muchas prácticas de apreciación de las pequeñas cosas: que se tome una copa de buen vino, que se dé un paseo por una zona agradable, que se obsequie con pequeños placeres y que los intente saborear con intensidad, como los milagros que son. En cuanto lo empiezan a hacer, se liberan un poco de la losa que llevan encima.

¿Nos hemos preguntado alguna vez por qué en la tradición cristiana se reza antes de las comidas? ¡Es un ejercicio racional buenísimo! Se agradecen las cosas básicas como los alimentos con el objetivo de apreciarlas, de vivirlas con intensidad, de convertirlas en puntales de nuestra felicidad. Pero las personas más fuertes y felices que he conocido no sólo agradecen la comida del día sino también hechos más esenciales que suelen pasar inadvertidos, por ejemplo ¡el que haya aire en la atmósfera, luz o color! Recuerdo que en una ocasión, una gran amiga mía, monja católica, me decía:

—¿Te das cuenta de lo afortunados que somos por estar vivos y poder apreciar la luz?

—¡Sí! —apunté—. Y además éste es un momento precioso porque en un futuro, cercano o lejano, tanto la Tierra como nosotros habremos dejado de existir.

En Japón existe una tradición literaria que alude a esa apreciación de las pequeñas cosas: los haiku o pequeños poemas que cantan las maravillas de lo que nos rodea. No tienen por qué rimar y versan sobre experiencias minúsculas experimentadas como hermosos milagros.

Ahí va un haiku del monje budista Onitsura, compuesto en el siglo XVII:

«Ven, ven», le dije,
pero la luciérnaga
se fue volando.

O, de la misma época, otro del monje Buson:

Noche corta de verano:
entre los juncos, fluyendo,
la espuma de los cangrejos.

Y un último haiku de la famosa poetisa Tatsuko:

Blancos los rostros
que observan
el arcoíris.

Hay pocas cosas tan terapéuticas como componer un pequeño poema al día. Porque el *wabi-sabi* —apreciar las pequeñas cosas— es un acto que encierra toda la sabiduría de la psicología cognitiva.

Pósits por la pared

Existe una palabra que expulsé de mi vocabulario hace tiempo: «despachar». La empleamos en el sentido de «liquidar temas» para pasar a otros, pero el problema es que «despachando» es como los seres humanos perdemos la vida tontamente, porque dejamos de saborearla. Haciendo las cosas mecánicamente nos lanzamos a una carrera descabezada hacia ningún lugar.

El maravilloso juego de la vida transcurre en el presente. Nuestra enorme capacidad de disfrutar se halla aquí y ahora, en las tareas cotidianas, en nuestra habilidad para apreciar y ponerle pasión a todo. Pero frecuentemente nos olvidamos de ello. La mente humana, sobre todo en las grandes ciudades, tiende a ir muy deprisa por la absurda razón de que todo el mundo lo hace. Nos metemos sin darnos cuenta en una carrera de locos. Nos ponemos a hacer cosas pensando: «A ver si acabo rápido con todo esto para después pasarlo bien». Pero después estamos tan fatigados, acelerados o hastiados que ya no tenemos la disposición adecuada para disfrutar.

Para no desperdiciar la vida corriendo disponemos de «herramientas recordatorias». El monje budista Thich Nhat Hanh es el fundador de un conocido monasterio en el sur de Francia llamado Plum Village. Este monje vietnamita, poeta y activista por la paz, trajo de su país natal una gran campana que se puede oír desde cualquier punto del lugar. En momentos inesperados del día, más o menos cada media hora, alguien se turna para hacerla sonar. Se trata de un «gong» hermoso pero penetrante, que tarda unos largos segundos en extinguirse. ¡Goooong! Y todos saben que es el momento de detenerse, inspirar y espirar y decirse: «Oigo la campana. Este maravilloso sonido me trae de nuevo a mi verdadero hogar». El cocinero del monasterio abandona los cuchillos un instante; el administrativo aparta la mirada del ordenador; el profesor calla y los estudiantes dejan de escuchar. En ese momento todos renuevan su compromiso de realizar sus tareas con amor y hermosa intensidad.

En mi consulta de Barcelona tengo una costumbre parecida a la del gong del Plum Village. Por las paredes, sobre el ordenador, en la mesa... cuelgo pósits con llamadas de atención: «¡Concéntrate en este paciente!», «¡El disfrute está aquí, ahora!», «¡Justo esta tarea es la más gloriosa!», «¡Nada de despachar!», «¡Ahora sé feliz!»...

Todas esas notas me recuerdan que mi gran momento es el presente: a las doce del mediodía, delante del ordenador, escribiendo un artículo. O a las cinco de la tarde, justo antes de recibir a un paciente. ¡O a la hora de comer, mientras paladeo un delicioso vino! En todos y cada uno de esos momentos me comprometo a trabajar con el máximo disfrute, atención y pasión. ¡No después! ¡Ahora!

Los ejercicios de atención al presente son muy útiles a la hora de sintonizarse en la armonía, y no por casualidad ocupan un lugar destacado en todas las tradiciones espirituales. Los monjes cristianos cesan todas sus tareas, siete veces al día, para orar o meditar y centrarse en lo esencial, que no es otra cosa que la felicidad.

Compromiso total con la alegría

Cuando era pequeño estudié en los Salesianos de Horta y allí todos los días se llevaba a cabo un ritual bastante saludable: antes de entrar en las aulas, a primera hora, formábamos en el patio y se cantaba una canción religiosa: «Alegre la mañana que me habla de ti». La verdad es que la canción le iba al pelo a aquellas espléndidas mañanas mediterráneas de Barcelona: luz brillante, cielo azul, aromas del campo colindante.

Esa canción era como un manifiesto personal por el que nos comprometíamos a manejarnos en la vida a través del goce y la apreciación de nuestro entorno. ¡No estaba nada mal!

Y en la edad adulta, cualquier día que nos apetezca, podemos componer nuestro propio manifiesto en defensa de la felicidad. Sería algo así:

MANIFIESTO POR LA FELICIDAD

Me comprometo hoy
y el resto de mis días
a vivir con pasión,
a apreciar lo que me rodea,
a valorar las cosas pequeñas.

Alejaré las quejas de mi mente
ya que no sirven para nada.
Me olvidaré de mis carencias
y me concentraré en lo que poseo
y en mis oportunidades futuras.

Redoblo mi compromiso hoy
de amar a mi entorno,
de trabajar con atención,
de poner todo de mi parte,
de agradecerle a la naturaleza sus regalos.

Viviré con poesía.
Dejaré las necesidades absurdas de lado.
Encontraré la belleza en cada cosa.
Me trataré con cariño a mí
y a los demás.

Todos los días
amor y pasión,
reconocimiento y hermosura,
inundarán mi mente
y todas mis acciones.

Compromiso con la belleza

Cuando uno se adentra en los terrenos de la racionalidad capta que la vida es hermosa y que nosotros, los seres humanos, tenemos una capacidad enorme para apreciarla.

Cuando alcanzas un nivel de bienestar emocional profundo puedes extasiarte ante el brillo de los rayos del sol en una mañana de primavera, las formas rectangulares de un edificio hermoso, un gesto cariñoso de alguien por la calle... Es el momento en el que uno está genial en su propia piel y en este mundo.

La gente que se encuentra con frecuencia en ese estado de «éxtasis vital» tiene tendencia a intentar crear belleza a su alrededor. La misma que los arquitectos de antes ponían en sus proyectos. La misma que la pedagoga Maria Montessori buscó para fundar sus escuelas racionales. La misma que los artesanos empleaban en sus creaciones. Los iluminados captan la belleza y se sienten impelidos a producir más hermosura en un ciclo parecido al de la lluvia y la evaporación de los mares.

Este compromiso con la belleza hace reverberar nuestra racionalidad, la propulsa, la aumenta y la fija en nuestra mente. Si todos los arquitectos del mundo tuvieran ese compromiso, el mundo sería un sitio mejor. Si todos los profesores, policías o psicólogos lo hicieran, habría mucha menos neurosis y mucha más alegría y plenitud.

Esta actitud es uno de los aspectos de la terapia cognitiva que hay que practicar, cultivar y renovar. Intentar impregnar todo lo que hacemos. Que se refleje en nuestra apariencia, en nuestro modo de relacionarnos. Requiere compromiso, pero ¡se trata de un esfuerzo muy placentero! El compromiso con la belleza también contribuye a que dejemos de preocuparnos.

Recuerdo una anécdota que me contó un buen amigo, empresario y practicante de yoga y meditación budista. Un día estaba reunido con una de sus empleadas, una colaboradora directa muy eficiente, una chica joven. Ella estaba nerviosa por una negociación que estaba llevando a cabo con uno de sus socios más importantes. Mi amigo le dijo:

—Pero deja de preocuparte, Laura. Aquí sólo trabajamos para disfrutar.

Si nuestra actitud está orientada a la producción de belleza, desaparece el estrés porque dejamos de trabajar por dinero o para conseguir resultados materiales.

¿Acaso hay algo mejor en la vida que producir belleza? Una vez cubiertas las necesidades básicas —las únicas que existen—, ¿para qué vamos a malgastar el tiempo trabajando? Lo único que vale la pena es ir directamente hacia la felicidad y la plenitud mediante la producción de hechos hermosos. Eso nos llenará la vida como ningún otro bien podría hacerlo.

¡LA VIDA ES MUY INTERESANTE!

A muchas personas les aqueja la neura de que la vida no es interesante. A esa neura la llamo «el síndrome de las gafas oscuras» porque es como si llevasen puestas unas gafas de sol que hacen que lo vean todo en blanco y negro, cuando en realidad las cosas son de colores maravillosos.

Puedo afirmar con rotundidad que la vida es superdivertida y emocionante siempre. ¿Por qué? Es simple: porque lo es para muchos miles de seres y ¡no son extraterrestres! Son iguales a los demás; la única diferencia es que saben ponerse las gafas adecuadas, saben activar la diversión interior.

Y tengo otra prueba. Mi propia experiencia. En la actualidad, a mis cuarenta y cinco años, cada día gozo más de la vida. La gente suele decir que la etapa más emocionante de la vida es la juventud, pero me he dado cuenta de que no es verdad. Lo mejor de la vida viene en el momento en el que empiezas a pensar bien. Los abuelos también tienen algo que decir al respecto. Si les preguntamos, nos aconsejarán que aprovechemos cada instante. Para empezar, ¡ellos nos ven demasiado jóvenes! Y al final de su vida se dan cuenta de que cada minuto es apasionante.

Yo he tenido la suerte de ser amigo del intelectual catalán Josep Maria Ballarín, sacerdote moderno, escritor y hombre genial. A sus noventa y cuatro años, tuvimos el siguiente diálogo en su casa del Pirineo, una tarde de invierno, frente a una botella de coñac:

—Si volviese a nacer, Rafael, ¡todavía viviría más apasionadamente! ¡Haría más viajes por el mundo, mi entrega religiosa sería más intensa, produciría más arte...! Ay, amigo, te encomiendo que tú actives esa pasión por mí, en tu propia vida.

—¡Joder, Josep Maria! ¡Si tú ya has vivido una gran vida! No creo que yo llegue a tu nivel —respondí con la vehemencia característica de nuestros encuentros etílicos.

—¡No digas eso, amigo mío! Concéntrate en tus tareas y llévalas a cabo con toda tu pasión. Dentro de nada serás tan viejo como yo y estarás pasando revista a tu historia. La vida es un milagro que transcurre muy rápido.

Sus palabras me acompañan siempre y me recuerdan las de otros tantos hombres y mujeres sabios, como Martín, un barcelonés de noventa años que estuvo en un campo de exterminio nazi. El diario *La Vanguardia* le hizo una entrevista y contaba que después de ser liberado por los norteamericanos vivió unos años apasionantes en Viena y en París, antes de regresar a España. Martín explicaba cómo todas las penurias que vivió en la guerra y la cercanía con la muerte le llevaron a ser consciente del milagro de la vida: de eso mismo que hablaba Ballarín. Y que al salir del campo, se comía la vida: perdió todos los miedos y se lanzó a conquistar su existencia. Y desde entonces había vivido así: de forma fulgurante.

Hace tiempo vi una película en televisión que enseñaba esa misma lección: que la vida es una oportunidad única y que depende de nosotros aprovecharla. Se trataba de una ficción en la que a un abuelo le sucedía algo extraordinario: ¡recuperaba durante un tiempo su juventud! Sólo su nieto sabía que el abuelo había vuelto a ser joven. El joven-viejo, alucinado por la nueva oportunidad, se lanzaba a vivir sin tapujos y sin miedos y se convertía en el muchacho más popular del lugar. La lección para su nieto era clara: el ser humano olvida con facilidad que estamos de paso y que esto dura muy poco. Si lo recordamos todos los días, a todas horas, nos dejaremos de falsas limitaciones y absurdas quejas y nos pondremos a bailar sobre la tarima de la vida.

¡Sí, esto es una fiesta! Y la música suena para todos: sólo hay que saber escucharla.

En este capítulo hemos aprendido que:

- «Sintonizarse en la armonía» es concentrarse en apreciar las pequeñas cosas y la belleza del entorno.
- Esta sintonización produce bienestar pero también nos sitúa en una lógica racional. Implica no quejarse y ser feliz con poco.
- Las «herramientas recordatorias» son campanas, cartelitos o lo que sea que nos recuerde que hay que ponerle pasión a todo.
- Entonar todos los días un manifiesto por la alegría nos ayudará a encontrarla.
- Intentar producir belleza en todas nuestras acciones incrementará nuestro nivel de felicidad.
- Si nos ponemos en la piel de un anciano, comprenderemos que la vida es siempre muy interesante y nos está esperando.

7

Nuevas visualizaciones racionales

—Usted perdone —dijo un pez a otro mayor que él—, ¿me puede decir dónde se encuentra eso que llaman Océano?

—Chavalín, el Océano es donde estás ahora mismo —respondió el señor pez muy serio.

—¡¿Cómo?! Pero si esto no es más que agua. ¡Usted no sabe nada: no pararé hasta encontrarlo! —replicó el joven mientras se alejaba con frenesí.

Hace muchos años fui a ver un espectáculo de hipnosis en un teatro de Barcelona. En aquella época yo estaba estudiando hipnoterapia con psicólogos y médicos y quise ver en acción a un showman que utilizara esas técnicas. Me habían dicho que algunos sabían hipnotizar muy bien y que se podía aprender de ellos.

Acudí con Joan, un amigo mío completamente ajeno a la psicología. Él se dedica a la banca y, de hecho, ni siquiera creía que la hipnosis fuera posible. Le expliqué que es un hecho comprobado desde hace por lo menos doscientos años y que yo mismo realicé hipnosis durante mis primeros años de trabajo. Pero ninguno de mis argumentos le convencía.

El hipnotizador, un tal Rugieri, era un hombre de unos cuarenta años, muy delgado, enfundado en un traje negro. El tipo tenía un aire misterioso que acentuaba con un juego de luces sugerente y una música intrigante. Lo primero que hizo Rugieri fue unos ejercicios para comprobar quién era más sugestionable. Pidió a los asistentes que juntasen las manos y que imaginaran que no podían despegarlas. Al término de la experiencia, de entre las doscientas personas que había en el teatro, unas veinte no pudieron despegarlas. Uno de ellos era mi amigo. Lo tenía al lado con las manos juntas, riendo nerviosamente.

—Rafa, de verdad. ¡Que no las puedo despegar! —me dijo alterado.

Yo me tronchaba de la risa porque no me lo esperaba precisamente de él. Allí estaba Joan, un ejecutivo agresivo de cien kilos y alto como un oso, temblando como un flan ante la reacción de su propio cuerpo.

El hipnotizador pidió a los «afectados» que subiesen al escenario y les dimos un fuerte aplauso. Joan me miraba desde arriba, entre divertido y asustado. Lo que siguió fue una sesión típica de hipnosis lúdica: algunos comieron limones que les supieron a peras, otros creyeron que estaban en una playa nudista y demás. Pero, para acabar, Rugieri invitó a mi amigo a hacer una última experiencia: el plato fuerte del show. Le sugestionó para que creyese que tenía el cuerpo rígido como una barra de hierro.

—A partir de este momento, sientes las piernas totalmente duras —le dijo con un tono propio de Transilvania.

Joan tenía los ojos cerrados y sudaba ligeramente. Tenía una expresión extraña, como si estuviese soñando. Rugieri prosiguió:

—Y ahora tienes la espalda como una viga. ¡Eres de hierro!

Entonces el hipnotizador, muy serio, pidió a tres personas del público que le ayudasen a situar dos caballetes a ambos lados de mi amigo. Y acto seguido, ¡bum!, lo alzaron entre los cuatro y lo colocaron tendido a lo largo: ¡el cuello sobre un caballete y los tobillos sobre el otro!

Y ahí estaba ese hombre que pesaba cien kilos suspendido sobre dos maderos, recto como un palo. Tengo que confesar que yo también estaba alucinando. Joan estuvo unos cinco minutos en esa posición mientras Rugieri daba algunas explicaciones al público. La verdad es que yo sentía cierta inquietud, pues no descartaba que pudiera producirse un accidente (¡y era yo quien lo había convencido para ir!). Pero nada de eso ocurrió. Finalizado ese tiempo, lo levantaron otra vez entre los cuatro como si de un grueso árbol se tratase y lo colocaron de pie.

Cuando acabó el espectáculo, fuimos a cenar y Joan no recordaba nada. ¡Le conté lo sucedido y le costaba creerlo! Al margen de eso, se sentía perfectamente. Sabía que había estado más de una hora en un extraño estado de sueño y que al principio no pudo separar las manos. Pero nada más.

OVNIS, APARICIONES MARIANAS Y TERAPIA

Esta historia ilustra la fuerza de la imaginación sobre la psique de las personas, porque la hipnosis no es más que una maniobra para potenciar nuestra imaginación.

Si imaginamos con gran intensidad, nuestra mente puede reproducir eventos como si fuesen reales para nuestros sentidos: podremos oír voces, percibir calor o frío intensos o ver objetos y personas inexistentes. ¡No es un fenómeno tan raro! Se puede lograr con cierto tipo de drogas, con diversos ejercicios de ayuno o de respiración o por simple sugestión.

Muchas personas que han visto ovnis, en realidad sólo han tenido una de esas experiencias alucinatorias; y lo mismo sucede con las apariciones religiosas. En aquel mismo espectáculo de Rugieri, una chica creyó ser una actriz china delante de sus fans y dio un pequeño discurso en un mandarín inventado. Su grado de alucinación era tal que habló en una especie de chino bastante convincente. ¡Por supuesto, le aplaudimos como seguidores enfervorizados!

Los psicólogos no solemos emplear la hipnosis porque son muy pocas las personas fácilmente hipnotizables —menos de un 10 %—, pero el fenómeno nos enseña que la imaginación puede ser muy útil a la hora de producir efectos sobre nuestra mente. En este capítulo vamos a ver cómo podemos emplear técnicas imaginativas o de visualización para nuestro entrenamiento racional. El objetivo es imaginar vivamente los contenidos racionales que queremos introducir en nuestra mente hasta conseguir un efecto ¡casi hipnótico!

Hipnosis despierta

En la terapia cognitiva llevamos a cabo «visualizaciones racionales» para comprender mejor los principios lógicos que manejamos. A este ejercicio también se le conoce como «hipnosis despierta» porque buscamos un efecto similar a la hipnosis pero sin trance. Las ideas que manejamos son las propias de la terapia, a saber:

- Que necesitamos muy poco para ser felices
- Que nada es «terrible»
- Que tener defectos no tiene importancia
- Que podemos estar genial al margen de lo que suceda

La visualización también puede consistir en imaginar aquello que tememos desde otra perspectiva. Es muy útil vernos siendo felices en una situación temida.

«Imaginar» es equivalente a «vivenciar», porque cuando el cerebro imagina, recrea hechos y surgen emociones. Se libera serotonina y dopamina. Se crean recuerdos virtuales. ¡A nivel cerebral es casi como si tuviésemos experiencias auténticas! Pero hay una condición: la visualización tiene que tener un sustrato racional, un argumento lógico para que nos creamos lo que imaginamos. Dicho de otro modo: no podemos engañarnos a nosotros mismos. Podemos convencernos o persuadirnos, pero no engañarnos.

La visualización es algo parecido a lo que hacen los monjes de todas las religiones cuando oran o meditan. De hecho, con sus mantras, canciones, inciensos y velas reproducen un ambiente prehipnótico.

Vamos a describir tres visualizaciones distintas que podemos practicar en cualquier momento y que encierran algunos de los principios básicos de la terapia cognitiva. Son tres ejercicios estándares que nos van a venir bien siempre, tanto a nivel preventivo como para salir de alguna neura puntual:

- La visualización del prisionero
- La visualización en silla de ruedas
- La visualización de san Francisco

Las tres tienen como objetivo imaginarse muy feliz en situaciones precarias, de tal forma que podamos combatir la queja, la necesititis y la terribilitis. O, como decíamos en el capítulo 2, para aprender a «andar ligeros» y «apreciar lo que nos rodea».

La visualización del prisionero

Este ejercicio consiste en preguntarse: «Si tuviese que pasar un tiempo en la cárcel, ¿qué haría para ser muy feliz?». Tenemos que imaginar diferentes escenarios en los cuales estemos alegres y satisfechos de la vida ¡en prisión!

Yo suelo verme entablando relaciones de amistad con otros reclusos, profundizando en la espiritualidad, estudiando con pasión (música, medicina...). El objetivo de esta visualización es comprender que podemos vivir plenamente con muy poco: ¡incluso sin libertad!

La lógica de esta visualización implica que mis quejas habituales —o sea, mis neuras— no tienen sentido. Si puedo ser feliz en la cárcel, ¿cómo no voy a poder serlo sin pareja, sin trabajo fijo, etc.? ¡Si son adversidades mucho menores!

La terapia racional (o cognitiva) tiene muchos puntos en común con la espiritualidad. No es extraño, porque las religiones también están hechas de conceptos, de pensamientos, de valores y, a lo largo de los siglos, la filosofía y las religiones se han estado influyendo mutuamente.

Y hablando de religión, fijémonos que los hombres y mujeres de fe suelen llevar unas ropas determinadas. Por ejemplo, hábitos de monje o túnicas budistas. ¿Por qué lo hacen? No para que les identifiquen por la calle, como hacen los policías o los bomberos. Esas ropas —o el hecho de raparse el cabello, por ejemplo— tienen otro sentido. Es un mensaje para ellos mismos.

La ropa de monje tiene la misma función que un tatuaje para un joven rockero. Su misión es recordarle al religioso sus valores, ponerlos de relieve. Los crucifijos o la cofia de las monjas sirven para asumir con más fuerza los principios con los que quieren vivir. Si yo ingresase en prisión, vestiría ropas modernas y divertidas pero quizá también llevase un crucifijo. Con ello querría demostrar a los demás y a mí mismo mi compromiso total con la solidaridad y el amor. La ropa moderna me serviría para dar un mensaje de alegría y fuerza. Y el crucifijo, mi voluntad de amistad profunda.

Si estuviese en la cárcel, emplearía todos los elementos a mi alcance para profundizar en un sistema de valores de persona fuerte. Mi *leitmotiv* vital sería perseguir el gran amor a la vida y a los demás.

Recordemos que el objetivo de las visualizaciones es comprometerse al máximo con los valores de la «abundiálisis», como decíamos el capítulo 2. Es un compromiso que equivale al pilar de una casa: nos sostenemos sobre la columna de nuestros nuevos valores cognitivos. Si estuviésemos en la cárcel, ese pilar mantendría nuestra mente en forma. Pensémoslo: si somos capaces de ser felices en la cárcel, ¿qué maravillosa vida no vamos a tener ya, en la actualidad, estando libres de esa adversidad extrema?

La visualización en silla de ruedas

Este ejercicio consiste en que nos imaginemos que estamos impedidos para caminar y que visualicemos la vida desde una silla de ruedas: «Si tuviésemos un accidente y nos quedásemos en silla de ruedas, ¿podríamos ser felices?». La respuesta obligatoria es «¡sí!». ¿Qué haríamos para conseguirlo?

Yo creo que me iría a vivir con otras personas que estuvieran en mi misma situación, quizá cerca de la playa, a una casa sin barreras arquitectónicas. Entre todos encontraríamos los fondos necesarios y la diseñaríamos con todas las comodidades. Viviríamos en comunidad colaborando entre nosotros y también haciendo cosas por los demás. Crearíamos programas de crecimiento personal para el vecindario, que vería en nuestra fortaleza un ejemplo a seguir.

Tendríamos una vida interesante, creativa, solidaria, basada en los principios de la amistad, la espiritualidad, el amor por la vida, el arte, la creatividad... ¿Podríamos ser felices? ¡Claro que sí! Para mentes bien amuebladas no existe prácticamente ningún impedimento serio para alcanzar la plenitud.

La visualización de san Francisco

Yo no soy católico, pero sí que admiro a uno de sus santos: Francisco de Asís. Creo que desde un punto de vista emocional este monje del siglo XIII merece toda nuestra atención.

Francisco nació en Asís, un pueblo de la actual provincia de Perusa, en Italia. Su familia se dedicaba al comercio textil y disfrutaba de una posición económica privilegiada. Para los estándares de la época, se puede decir que Francisco era un pijo: llevaba una vida despreocupada, estudiaba pero no trabajaba, era aficionado a la música y a los amoríos. Hasta que la guerra golpeó su conciencia.

Estalló un conflicto entre Perusa y una comarca vecina y, como el resto de sus amigos, Francisco partió a la batalla. Estaba ansioso por demostrar su gallardía. Pero lo que vivió fue muy diferente a los escenarios caballerescos soñados: muerte, crueldad y locura, en nombre de un absurdo patriotismo o, lo que es peor, de unos intereses económicos soterrados.

Al regresar a casa, Francisco era otro. Había visto la muerte tan de cerca que estaba decidido a vivir de la forma más significativa posible, al servicio del amor y la felicidad. Muy pronto abandonó el hogar familiar para retirarse a vivir al campo. No demasiado lejos de su pueblo había una iglesia semiderruida en un entorno idílico: se hallaba en una verde pradera salpicada de frondosos árboles. Más abajo, corría caudaloso el río.

La principal ocupación de Francisco iba a ser producir belleza, devolverla tal y como la recibían sus sentidos de la naturaleza. Y se puso a reconstruir aquella hermosa iglesia de rotundas piedras, pulidas y magníficas. En los descansos componía música. Unas alegres melodías que cantaban a la juvenil vida, llena de energía luminosa.

Todos nosotros podríamos emular a san Francisco: abandonar la vida material y vivir sin apenas nada. ¿Podemos, al menos, imaginarlo? Viviríamos extasiados ante la belleza de la naturaleza, con el principal cometido de producir más hermosura. No tendríamos empleo ni obligaciones, ni nada que perder, porque nos habríamos desprendido de todo excepto de la Felicidad con mayúsculas; nos centraríamos en la amistad, la música y el arte. Tiraríamos definitivamente a la basura todo lo material, la imagen y el orgullo.

¡Claro que podríamos hacerlo! Y de hecho, a nivel mental, lo vamos a hacer. Ése va a ser nuestro compromiso a partir de hoy: llevar la vida «interior» de san Francisco.

San Francisco era un campeón de la renuncia y se dice que, al final de su vida, afirmó: «Cada día necesito menos cosas y las pocas que necesito, las necesito muy poco». Si somos capaces de llevar a cabo esta «renuncia dichosa», seremos supermanes a nivel emocional.

Cuentan las crónicas que los amigos de Francisco fueron a visitarlo a la ermita donde se había instalado. Estaban preocupados por su salud mental: «¿Se habrá vuelto loco?», se preguntaban. Cuando llegaron allí, lo que vieron les impresionó. El joven Francisco irradiaba energía y paz, algo que ellos inmediatamente quisieron adquirir. La mayor parte de sus amigos se unieron a su «locura».

Nosotros también vamos a atraer a los demás con nuestra nueva energía amorosa, porque no hay cosa más atrayente que la paz y la alegría. ¿Podemos imaginarnos en nuestra nueva vida de renunciante haciendo los mejores amigos, esas joyas de conexión auténtica y profunda? ¡Claro que sí!

En nuestra visualización buscamos experimentar el contacto profundo y bello con los demás, porque a su vez es algo que nos nutre. En realidad, se trata de un sentimiento que podemos dirigir hacia todas las personas que habitan el planeta.

Llorar de alegría interior

En el mundo de la meditación —reflexión, visualización, oración o como queramos llamarlo— existen diferentes niveles de profundidad. Y el estadio más profundo es algo más que un razonamiento lógico, una comprensión o una convicción: es una experiencia interior.

Las visualizaciones cognitivas —o espirituales— más profundas son tan potentes que es bastante habitual acabar llorando de emoción. Incluso las personas menos dadas a mostrar emociones, cuando llegan a esos niveles, rompen en lágrimas como niños. Y eso es bueno. Nos indica que estamos experimentando emociones dulcemente desbordantes, y cada uno de esos momentos está dejando una huella en nuestra psique. Ésos son los psicofármacos más potentes que existen.

Hace tiempo vi en YouTube una conferencia de Miquel Silvestre en la que hablaba de viajes y vida interior. Miquel recorre el mundo en moto y protagoniza el programa de TVE *Diario de un nómada* (www.miquelsilvestre.com). Me parecieron muy hermosos los momentos de la conferencia en los que Miquel Silvestre, un tipo aguerrido que se ha jugado la vida en innumerables ocasiones, se echaba a llorar mientras explicaba sus experiencias espirituales. Y le daba igual si estaba delante de cien o doscientos desconocidos.

Y es que nuestra vida interior alberga la más intensa de nuestras aventuras. ¿No vamos a embarcarnos en ella, a navegar por los ríos y los mares más caudalosos, a ascender las montañas más espectaculares? Visualicémosla pues con toda la energía posible y salgamos a conquistar este precioso mundo.

En este capítulo hemos aprendido que:

- Las «visualizaciones racionales» nos ayudan a comprender mejor los principios lógicos que manejamos, lo que a su vez nos ayuda a combatir la necesititis y la terribilitis.
- La visualización del prisionero implica verse feliz en ausencia de libertad.
- La visualización en silla de ruedas sirve para llevar a cabo la importante renuncia al cuerpo y a muchas comodidades, sin por ello renunciar a la plenitud.
- La visualización de san Francisco nos impele a vivir una vida más auténtica, también de renuncia, centrada en la belleza y la amistad profunda.

TERCERA PARTE

¡Aplicarlo todo!

8

Alquimistas de la incomodidad

En una ocasión Buda se encontraba a punto de ser asesinado por el famoso bandido Angulimala. Con la espada en el cuello, dijo:
—Concédeme un último deseo: corta esa rama.
Angulimala le dio un fuerte tajo a la rama, que cayó estrepitosamente.
—¿Y ahora? ¿Ya estás dispuesto a morir? —preguntó el bandido.
—Sólo una cosa más: ponla de nuevo en el árbol, por favor.
El bandido estalló en carcajadas:
—¡Estás loco si piensas que se puede hacer eso!
—Al contrario: el loco eres tú, pues piensas que destruir te hace poderoso. Despierta y comprende que las grandes personas son sólo aquellas capaces de crear.

Este capítulo es uno de los más importantes. Tiene que ver con una habilidad crucial: la capacidad de «transformar la incomodidad». Las personas más fuertes y felices son como alquimistas, pero en vez de convertir el plomo en oro transforman las situaciones incómodas en experiencias agradables, hasta sentirse de nuevo muy a gusto. Aprender esta habilidad cognitiva nos va a dar un empujón enorme en nuestra fortaleza emocional.

Yo he conocido a muchas personas con «alquimia de la incomodidad»: grandes viajeros, religiosos o importantes (y éticos) directivos. Los alquimistas son así:

- Tienen mucha energía
- Casi siempre están alegres
- Son personas sosegadas
- Son muy positivos y constructivos
- Tienen vidas emocionantes y plenas
- Se quieren mucho a sí mismos
- Son muy creativos
- Tienen un espíritu joven durante toda su vida
- Se relacionan magistralmente con los demás

Y todas esas cualidades se las otorga, en gran medida, su secreta habilidad: la alquimia de la incomodidad.

Sin embargo, cuando nos abruman las neuras sucede lo contrario: ¡la incomodidad nos mata! Nos volvemos hipersensibles y todo nos molesta, y eso nos vuelve cascarrabias, intransigentes, negativos, tristes y débiles. Nuestra vida se achica porque, a fuerza de huir de la incomodidad, nos acabamos limitando.

Como siempre, la buena noticia es que el cambio es posible con un poco de trabajo mental perseverante: pasaremos de estar abrumados por las neuras a ser aventureros que disfrutan la vida al máximo.

¡CON TAPONES POR SEVILLA!

La sensibilidad a la incomodidad abarca distintos grados de intensidad y todos podemos situarnos en algún punto. Los cascarrabias están en la parte mala; son personas a las que les molesta todo: los ruidos, el calor, el frío, las aglomeraciones, las esperas... hasta extremos insospechados, al contrario que los alquimistas de la incomodidad, que saben estar bien en cualquier situación.

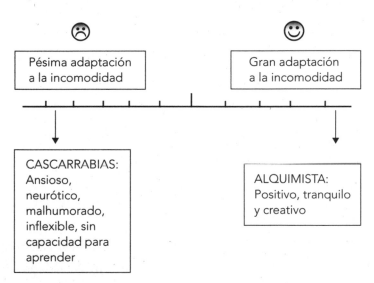

Yo he conocido a personas que vivían las incomodidades como una tortura. En una ocasión, me encontraba de promoción en Sevilla y le tocó el turno a una periodista de unos cincuenta años llamada Lidia. Estábamos en una de las librerías más bonitas de la ciudad, en la zona de la cafetería, y empezó a entrevistarme. Al cabo de unos minutos, se detuvo muy turbada y nos dijo a la agente de prensa y a mí:

—Perdonad, pero no puedo seguir.

—¿Por qué? ¿Pasa algo? —preguntó la agente, preocupada.

—¡Es que aquí hay muchísimo ruido! ¡Es imposible hacer la entrevista! —exclamó.

La agente —una chica de unos treinta años— y yo nos miramos con cierta sorpresa porque el lugar era tranquilo: se podía conversar sin problema. De hecho, para la media de bullicio que hay en España, en realidad era casi silencioso. De todas formas, le propusimos ir a otra cafetería donde no había nadie.

Proseguimos la entrevista, pero cuando llevábamos unos minutos reparé en que Lidia llevaba algo en los oídos, quizá unos audífonos. Le pregunté:

—Anda, ¿llevas audífonos? Quizá por eso te molesta tanto el sonido ambiente, ¿no? A lo mejor los llevas muy altos.

—¡Qué va! ¡Si son tapones! ¡Yo no salgo nunca sin mis tapones!

¡Menuda sorpresa! Lidia llevaba tapones en una ciudad como Sevilla, que no es ni mucho menos tan ruidosa como Barcelona o Madrid. Indagué un poco más y la pobre me contó cómo sufría con su hipersensibilidad auditiva. Lo pasaba fatal en todas partes: en la redacción del periódico, en su casa, en los bares, en el autobús... Me sonreí por dentro: yo conocía bien ese problema porque había tratado a muchas personas así.

Dejamos de lado la entrevista y estuve un ratito haciéndole terapia. Le expliqué que su hipersensibilidad se la había creado ella misma con sus quejas acerca del ruido. Se había convertido en una cascarrabias debido a su diálogo interno y a su continua búsqueda de comodidad. ¡Un confort absurdo e innecesario!

Lidia es un ejemplo de neurosis causada por el apego a la comodidad. Y, como decíamos antes, en el otro extremo están los alquimistas de la incomodidad, personas alegres y bien dispuestas en todo momento. El ejemplo perfecto de alquimistas son los grandes viajeros que van por el mundo con una mochila y a los que no les importa dormir en una estación de tren, andar todo el día bajo el sol o soportar días de espera en un aeropuerto. Para ellos, cada momento es una oportunidad para aprender, hacer algo artístico —por ejemplo, redactar un diario— o tener una vivencia interesante.

La línea de la alquimia de la incomodidad

Todos podemos determinar nuestro nivel de adaptación a la incomodidad. Se podría evaluar de 0 a 10, donde 0 equivale a ser muy sensible a la incomodidad y 10 a ser casi insensible. Y todos podemos mejorar nuestra capacidad de respuesta: cuanta más alquimia logremos, mayor flexibilidad y menor neuroticismo.

Aumentar la alquimia de la incomodidad es un ejercicio de salud emocional con el que se consigue mejorar en todos los aspectos de la vida interior. Nuestro objetivo será saber estar bien —cada día más— en situaciones presuntamente incómodas. Y lo lograremos cambiando nuestra forma de pensar acerca de la situación: en lugar de alimentar la neura con nuestro diálogo interno, haremos todo lo contrario.

Algunas de las incomodidades típicas que nos suelen amargar la vida son:

- La espera excesiva (en el médico, en la cola del supermercado, en un atasco)
- El ruido (del vecino, en un restaurante)
- El calor o el frío (¡cómo nos quejamos en julio y agosto!)
- El cansancio (por ejemplo, ir en autobús de pie al final del día)
- El tedio (en una conferencia pesada)
- El aburrimiento (en un viaje largo, en el aeropuerto)
- El contacto con lugares sucios o feos (un barrio degradado...)
- El dolor (un dolor de cabeza, de estómago)
- Los fallos de los demás (colaboradores, familia)
- Las aglomeraciones (el metro, la playa cuando está a tope)

A continuación veremos cómo transformar esas situaciones en oportunidades de gozar, aprender y encontrarse muy bien. ¡Nuestra fuerza depende de ello, así que no perdamos ni una ocasión para practicar la alquimia de la incomodidad!

ARGUMENTAR A FAVOR DE LA COMODIDAD

Cuando nos impacientamos en la cola del supermercado es porque nos decimos cosas del estilo: «Pero ¡qué vergüenza! ¡Qué mal funciona esta tienda!», o «He venido aquí para hacer la compra en un minuto y voy a tardar veinte. ¡Qué desastre!»... Es decir, somos nosotros los que encendemos el fuego de la sensación de incomodidad. ¡Nuestros pensamientos azuzan el malestar como diablillos perversos!

Para apagar ese fuego tendremos que apelar a argumentos opuestos. Por ejemplo, podemos decirnos: «Esperar con sosiego es una habilidad que distingue a las personas civilizadas de las infantiles», «Voy a emplear este ratito en algo gratificante como escuchar música o responder mensajes», o «Me encantan las esperas: son momentos exclusivos para mí que puedo dedicar a meditar».

Otra estrategia consiste en imaginar escenarios parecidos en los que la incomodidad no nos afecta. Por ejemplo, si hace un calor «horrible», visualizar que vivimos en Cuba o en Indonesia, donde la temperatura es altísima. Pero allí vivimos de una forma exótica: tenemos un romance con una persona local, llevamos a cabo un trabajo apasionante y vivimos una vida de aventura, aunque haga mucho calor.

La estrategia de visualizar escenarios imaginarios funciona porque le quitamos importancia a la presunta incomodidad a un nivel lógico. Si existe una situación en la que el calor no es un impedimento para pasarlo genial —aunque sea como turista en Cuba o en Indonesia—, eso significa que «el calor» en sí no es tan malo: depende del contexto y de la lectura que hagamos de la situación. ¡Y nuestra mente entiende el mensaje! Con este ejercicio dejamos de quejarnos y nos ponemos en «modo disfrute». Cuanto más rápido cambiemos nuestro diálogo interno, mejor.

Para cada presunta incomodidad existe un pensamiento alternativo: escenarios agradables, cosas que aprender y aventuras vitales que demuestran que la situación no es mala y que podemos ser felices de todas formas. Cada vez que consigamos revertir una sensación de incomodidad habremos avanzado un paso en nuestra madurez emocional.

La sordera como maestra

Hace tiempo me sucedió algo que ilustra la alquimia de la incomodidad. Esta anécdota está relacionada con mi fantástica madre, quien, pese a ser juvenil, deportista y dinámica, ha ido perdiendo audición en los últimos años. En determinado momento decidió usar audífonos. Y, como da la casualidad de que conozco a unos fabricantes de estos aparatos, la acompañé a comprarlos.

Pero cuando los tuvo, resultó que no se acostumbraba a usarlos. Los audífonos requieren de un aprendizaje, ya que hay que enfocar la mente para oír bien. Esto conlleva un esfuerzo e imagino que mi madre se cansaba antes de conseguir su propósito.

El hecho es que no se los ponía nunca y, a medida que su oído empeoraba, resultaba más difícil hablar con ella. Había muchas conversaciones del estilo:

—Mamá, ¿fuiste ayer al cine con tus amigas?

—¡Hijo mío!, ¿cómo puedes decir eso? ¡En mi casa no hay hormigas! —respondía sin darse cuenta de que la pregunta iba por otro lado.

O muchos diálogos del tipo qué-qué-qué-qué:

—Hola, mamá, ¿cómo va todo?

—¿Qué?

—Que cómo va todo... —respondía yo un poco más alto.

—¿Qué dices?

—Nada. Déjalo —concluía.

La verdad es que todas esas comunicaciones fallidas resultaban muy pesadas y durante unos meses estuve intentando convencerla de que usase los audífonos, sobre todo por su bien, porque las personas —a la larga— suelen evitar a los sordos.

Le decía:

—Mamá. Al final te aislarás porque, aunque no te des cuenta, la gente ya te está hablando menos. Se cansan.

Y ella solía responder:

—¡Mis amigos me quieren mucho! ¡No como mis hijos! ¡No me hace falta llevar ningún aparatito!

Y al cabo de un tiempo, en un brote continuado de neurosis, empecé a molestarme por el hecho de que mi madre no hiciese el esfuerzo de oír bien. Me decía a mí mismo: «¡Pues si quiere aislarse, es su problema! ¡Yo no voy a repetirle todo mil veces! ¡La visitaré menos y ya está!». Sin darme cuenta, ¡me había hecho hipersensible a la incomodidad de charlar con alguien duro de oído!

Pero, por suerte, ocurrió algo que me enseñó una valiosa lección. Un domingo acudí a comer a su casa y me encontré allí a mi hermano mayor, Cesc. Le saludé y nos pusimos a charlar.

—¿Cómo va todo, hombre? —le pregunté.

—¡¡¡MUY BIEN!!! ¡AQUÍ, EN BARCELONA, PASANDO UNOS DÍAS CON MAMÁ! ¡TENGO UNA SEMANA DE VACACIONES!

Literalmente, mi hermano me estaba gritando.

—¡Oye! —le dije—. ¡Que yo no estoy sordo! Háblame normal...

—Ostras, perdona. Es que llevo todo el día hablando así por mamá —se excusó.

—¡Qué peñazo su sordera!, ¿verdad?

—No. ¿Por qué? Sólo tienes que hablarle más alto, mirándola a la cara y vocalizando bien. Es muy fácil —dijo con decisión.

¡Uau! Me quedé sorprendido por la respuesta. Se le veía completamente relajado mientras que yo había estado crispado por el tema durante los últimos meses.

Desde ese mismo instante probé a hablarle así a mi madre y ¡funcionaba! Sólo había que adoptar esas tres sencillas medidas: hablar más alto, vocalizar bien y mirarla a la cara para que pudiese leer los labios. Enseguida me adapté a hablar de esa forma y no he vuelto a tener problemas con ella. Me entiende perfectamente y yo he aprendido algo muy útil: a comunicarme mejor. De hecho, los presentadores de televisión siguen esas mismas pautas para tener buena dicción.

Pero la lección más importante que recibí es que, por culpa de la sensibilidad a la incomodidad, los seres humanos nos amargamos y nos cerramos a aprender cosas fascinantes. En cuanto dejé de alimentar mi neura, de protestar por esa nimia incomodidad, me adapté completamente a la nueva situación y crecí como persona.

SER JÓVENES VIAJEROS

Tengo un amigo, Josan, que es un gran viajero. Ha estado en muchos lugares exóticos practicando montañismo, explorando ciudades y visitando monasterios antiguos. Josan tiene cincuenta y cinco años pero aparenta muchos menos, ya que está en forma: la mayoría de días va al trabajo en bicicleta y se hace sesenta kilómetros para ir y volver. Es divertido, carismático y muy brillante en su trabajo como periodista. Y, no por casualidad, Josan nunca le ha dado mucha importancia a la comodidad. Es un tipo que disfruta de la naturaleza, de la gente, de su trabajo y de la vida.

Si queremos ser como él, si queremos tener una vida apasionante, démosle una patada a esa absurda necesidad de comodidad. De vez en cuando está muy bien que te den un masaje, ir a un spa, dormir una siesta... Pero sólo de vez en cuando. La mayor parte del día es preferible estar en forma y abrirnos a la incomodidad como una manera de adaptarnos a la vida y gozarla plenamente.

Además, así disfrutaremos mucho más del descanso y de los placeres de la vida, porque los reservaremos para intensos momentos puntuales. «El buen perfume se vende en frasco pequeño», dice el refrán. Sería aburridísimo estar cómodo siempre, todo el día, del mismo modo que acabaríamos hartos de comer chocolate a todas horas.

DISFRUTAR, MÁS QUE TOLERAR

En psicología se habla mucho de un concepto similar a la «alquimia de la incomodidad»: la «tolerancia a la frustración». Se dice que es bueno tener una «alta tolerancia a la frustración». Pero a mí no me gusta mucho este término porque alude a «soportar» o «sufrir», y con el ejercicio que yo propongo no se sufre sino que se goza. Se trata de abrirse a la posibilidad de disfrutar en una situación que, a priori, es incómoda. Por ejemplo, me siento muy bien ahora que he aprendido a hablarle a mi madre más alto y vocalizando. Sé que he aprendido una habilidad muy útil y me gusta practicarla.

Con la «alquimia de la incomodidad» buscamos transformar la «incomodidad» en «comodidad», no solamente «aguantar». ¡Pensemos que todo está en la cabeza! Una lectura diferente de la misma situación la cambia totalmente: levantar pesas en el gimnasio es un hobby; picar piedra en la carretera es un castigo. Los seres humanos tenemos la opción de transformar cualquier experiencia. Hagamos uso de ese poder. Abajo la «tolerancia a la frustración» y arriba «el disfrute de las situaciones que ya no son incómodas».

Manifiesto sobre la incomodidad

Me gustan los manifiestos. Son declaraciones de intenciones que nos ayudan a ordenar nuestros pensamientos y a mantener una actitud firme.

Entre los más emblemáticos de la historia está el que pronunció Martin Luther King en 1963, titulado «*I have a dream*» («Tengo un sueño»), en el que defendía su posición frente al racismo y su creencia en la igualdad. En su día, millones de personas suscribieron emocionadas sus opiniones y ello impulsó un maravilloso avance en los derechos humanos en todo el mundo.

Mi padre me ha contado muchas veces que, siendo joven, pudo ver en televisión la retransmisión del discurso «*I have a dream*». Aunque era ajeno a los problemas raciales de Estados Unidos, le impactó aquel pastor negro que, desde Washington, declaraba que el amor está por encima de todo. Ese discurso determinaría para siempre sus valores al respecto.

De la misma forma, nosotros podemos redactar o suscribir un manifiesto a favor de la alquimia de la incomodidad. Sería algo así:

MANIFIESTO SOBRE LA (IN)COMODIDAD

Hoy y para el resto de mi vida, apuesto por una vida plena y con sentido, hermosa y llena de pasión.

Desde ahora me comprometo a tomar el milagro de la vida como venga: con frío o calor, sol o lluvia, tormentas de nieve o tornados.

Quiero tener la vida del viajero que explora, aprende y se empapa de alegría.

Si hace calor, le daré la bienvenida al clima y celebraré la llegada del verano. Sudaré alegre en pos de aventuras que remojaré en poemas intensos. Como si estuviese en Indonesia cual intrépido Indiana Jones.

Si estoy en un lugar feo y pobre, imaginaré que soy un activista que trabaja para mejorar el barrio: un apasionado voluntario que aporta amor y belleza a todas las personas que allí habitan. Y ese lugar será amado por mí. ¡Habrá mucha gente fantástica con la que conectar y las molestias estéticas serán minucias sin importancia!

Si el bullicio es grande, me daré cuenta de que puedo ser feliz también allí. ¡Los seres humanos no necesitan silencio para ser felices! Existe un interruptor mental que apaga los ruidos si no los tenemos en cuenta. ¡Puedo trabajar, conocer

gente, amar a los demás... realizar infinidad de actividades valiosas! Entenderé que el ruido también es vida.

Esperas largas y pies cansados: agobio o felicidad, todo
depende de mí. Puedo estar lleno de energía y amor y hacer
cosas constructivas en todo momento.

Hoy y para el resto de mi vida, me apunto al club de las
personas activas, alegres y apasionadas que apuestan por una
vida emocionante y plena. ¡No quiero mucha comodidad: no
la necesito! ¡Me espera mi mejor versión en el mejor de los
universos posibles!

Ayunar para fortalecer la mente

¡Qué bueno es eliminar cualquier vestigio de apego a la comodidad! Para ser como mi amigo Josan, el viajero; o como
el mítico fotógrafo Robert Capa, que retrataba la actualidad por todo el mundo. La alquimia de la incomodidad es tan
buena que muchas tradiciones religiosas han diseñado ejercicios de renuncia programada.

Yo nunca he hecho ayuno, ni para adelgazar ni como
práctica religiosa. Es decir, nunca he estado sin comer durante todo un día. Pero no se trata de nada descabellado. A veces
renunciar al sexo, a beber alcohol, a salir por ahí... es benefi-
cioso, porque con cada ejercicio de ayuno afinas la capacidad
de gozar de otros placeres. Es como el fenómeno del ciego
que desarrolla una audición prodigiosa: autolimitarnos en un
placer nos abre a los otros goces.

Por eso, si queremos ser personas libres, y cada vez más
completas, las renuncias programadas no vienen nada mal.

Sólo por un día, en vez de sexo, tener amor fraternal; en vez de la tosca distensión del alcohol, practicar un instrumento musical; en vez de ir al cine, iniciar un estudio apasionante... ¡Uau! ¡Qué de placeres nuevos puede generar un poco de ayuno inteligente!

En este capítulo hemos aprendido que:

- Ser hipersensibles a la incomodidad nos convierte en cascarrabias y neuróticos.
- Todos podemos ganar insensibilidad a la incomodidad mediante el pensamiento adecuado: la comodidad no da la felicidad.
- Algunas estrategias para desensibilizarse a la incomodidad son:
  a) Decirse que en cualquier circunstancia podemos hacer cosas valiosas.
  b) Visualizar escenarios parecidos en los que esa incomodidad no importa.
- La clave para vivir una vida plena e intensa está en «disfrutar», no en «tolerar» las circunstancias.

9

Sin ansiedad de rendimiento

En un pueblo remoto de Oriente, una mujer se encontró sentados a la puerta de su casa a tres ancianos. Vestían con ropas elegantes y departían doctamente. Llena de curiosidad, les preguntó:

—¿Les puedo ayudar en algo?

—Estamos de viaje y queríamos hacer un alto en el camino —respondieron.

—Por favor, entren en mi casa. Les daré un vaso de agua —sugirió ella.

—Estaríamos encantados, pero no podemos entrar los tres juntos. Invite, no obstante, a uno de nosotros —dijeron los forasteros.

En ese momento, el marido y la hijita salieron a ver qué sucedía y el hombre dijo:

—¿Qué tontería es ésa? Entren los tres. Nuestro pueblo siempre ha sido hospitalario.

Ante la insistencia, uno de ellos, de larga barba blanca, respondió:

—Queridos amigos, muchas gracias por vuestras atenciones. Oíd: yo me llamo Riqueza y mis otros dos compañeros, Éxito y Amor. Y los tres no podemos entrar juntos en un hogar. Elegid a uno, por favor.

El matrimonio se quedó pensando un rato hasta que el marido dijo:

—Yo invitaría a Riqueza. Nos va a venir muy bien su compañía.

—Mejor a Éxito; ¡nunca lo hemos conocido! —replicó la esposa.

Y la niña, que había estado atenta a todo, dijo:

—¿No sería mejor invitar a Amor? ¡Así la casa se llenaría de cariño!

Los padres accedieron a ese ruego y tendieron la mano al anciano llamado Amor. Pero cuando éste se levantó, sus acompañantes hicieron lo mismo y se dispusieron a seguirle. Entonces la mujer preguntó:

—Pero ¿no dijisteis que no podíais entrar juntos?

Y Amor respondió:

—De haber entrado Riqueza, los otros dos hubiésemos permanecido fuera. De haber invitado a Éxito, también. Pero como he sido yo el elegido, mis compañeros visitarán vuestro hogar. Porque, queridos amigos, allá donde hay amor, también suele haber éxito y riqueza. Seguid siempre a vuestro corazón y las demás alegrías de este mundo os acompañarán.

Matías era fisioterapeuta, y no uno cualquiera: de los mejores de España. Había estudiado en importantes centros especializados del extranjero y trataba a deportistas de élite y bailarines famosos. Todo le iba de perlas —tanto en su vida profesional como en la sentimental—, pero su problema era la maldita «ansiedad de rendimiento».

Se estresaba ante cada nueva tarea, como escribir un texto

médico o impartir un curso. Ante esos retos, casi automáticamente, justo después de que se los planteasen, sentía una punzada en el estómago y su mente se quedaba fijada en el temor a fallar. Era muy molesto porque esos nervios le impedían estar bien durante varios días, y a veces durante semanas enteras.

Y eso no era todo. También le atacaba la ansiedad cada vez que tenía que hacer sus cuentas para Hacienda. De hecho, había decidido que su mujer se ocupase de las cartas del banco, los recibos y las facturas porque eso le producía los mismos síntomas: punzada en el estómago y un bloqueo mental paralizante.

Durante la primera sesión, Matías me contó que padecía de esos nervios desde la época de la universidad y ahora, a sus treinta y cinco años, se daba cuenta de que le habían limitado mucho la vida. De no haber tenido este problema, seguramente hubiese destacado más en su profesión, por ejemplo abriendo una clínica de fisioterapia propia. Además, esa maldita ansiedad había ido aumentando con el paso de los años.

En este capítulo vamos a ver cómo se resuelve este tipo de ansiedad que llamamos «de rendimiento» y que es el problema emocional más extendido de España, ya que lo padece el 80 % de la población en forma de estrés laboral.

Aunque hay que subrayar que esta ansiedad también se da en otros ámbitos, como en el de la contabilidad personal, algo que llamo «economofobia», y que afecta a muchas otras tareas, como ¡las vacaciones!: hay gente que lo pasa mal ante la idea de organizar un viaje de ocio.

En realidad, la ansiedad de rendimiento tiene que ver con la responsabilidad de hacer algo en lo que la persona piense que puede fallar. Muchos de nosotros la hemos experimentado alguna vez en la vida, pero la buena noticia es que la podemos hacer desaparecer para siempre. Requerirá que cambiemos rotundamente nuestra filosofía acerca de la «importancia de las cosas». Vamos a verlo.

NADA ES IMPORTANTE

En una ocasión me hallaba en un programa de televisión de gran audiencia debatiendo sobre el estrés laboral y, para ilustrar el asunto, dije:

—El problema de esa ansiedad radica en que consideramos muy importantes cosas que no lo son. Por ejemplo: el trabajo. Y no nos damos cuenta de que los trabajos que hacemos en la actualidad no tienen la más mínima importancia.

—Pero, Rafael, ¿cómo puedes decir eso? ¡Todos queremos ser buenos profesionales! —replicó el entrevistador.

—Veamos —le dije—. Este programa de televisión, ¿qué importancia tiene? ¡Ninguna! Si desapareciese este programa, ¿sucedería algo? ¡Nada!

El periodista puso cara de asombro. No sabía si hablaba en serio o en broma. Proseguí:

—Ningún programa de televisión, ni siquiera la televisión en general, es necesario para ser felices. ¡Que le den a este programa y a la televisión de todo el mundo! ¿A quién le importa?

Lo único importante en la vida es amar la vida y a los demás (una vez cubiertas las necesidades básicas: comer y beber). Esto es una verdad filosófica y espiritual —y científica, para la ecología—. Y el 99 % de los trabajos que desempeñamos no tienen ninguna relevancia porque se alejan de eso. Si desapareciesen, como le decía a aquel atónito periodista, no sucedería nada. Si no hubiese bancos, escuelas, ni siquiera hospitales, seguramente viviríamos en entornos naturales cazando y pescando. En esa situación, el planeta tendría una oportunidad de sobrevivir y nosotros recuperaríamos la cordura de golpe. Entonces ¿por qué hay que preocuparse por el trabajo, esa cosa completamente innecesaria?

LA ACTRIZ RELAJADA

Hace algunos años leí la autobiografía de la actriz madrileña María Luisa Merlo. A los cincuenta años, tuvo una especie de conversión psicológica y espiritual: pasó de ser desgraciada y neurótica a ser una persona feliz y sosegada. Y contaba que uno de los beneficios colaterales de su nueva filosofía era que había perdido el miedo a actuar.

Los actores de teatro suelen padecer «pánico escénico». Antes de levantarse el telón están nerviosos. Algunos lo pasan tan mal que vomitan y se ponen literalmente enfermos, aunque a medida que transcurre la obra van relajándose.

Pues bien, tras su «terapia», María Luisa se dio cuenta de que eso ya no le sucedía. Para su sorpresa, antes de salir a escena se encontraba la mar de relajada y feliz. Y, según contaba en su libro, les decía a los artistas jóvenes: «¡No me digas que estás tenso por esto! ¡Madura, por favor! No pensarás que lo que hacemos aquí es importante, ¿verdad? ¡No me hagas reír!».

Con esto quería expresar que lo esencial es amar la vida y al prójimo. Las demás tareas con las que nos entretenemos son fruslerías. Cuando tomamos plena conciencia de ello, desaparece por completo la ansiedad de rendimiento. En el trabajo, simplemente jugamos, nos divertimos, gozamos, innovamos, ¡y hasta tenemos orgasmos de placer mental!

A mí me pasa lo mismo que a María Luisa Merlo. Cuando voy a dar conferencias por España y Latinoamérica ya no experimento la más mínima emoción negativa. Antes de dar una charla, estoy relajado como un niño a punto de dormir la siesta. De hecho, la mayor parte de las veces bebo un café para espabilarme antes de salir a hablar. Y eso que, de jovencito, ¡tenía miedo a hablar en público! Pero todo cambió el día que cobré plena conciencia de qué es lo realmente importante en esta vida.

LA «NO-CONFERENCIA»

Desde hace tres o cuatro años llevo a cabo un experimento personal para ilustrar la escasa importancia de las cosas. En muchas de mis conferencias, subo al estrado, me acerco al micrófono y digo lo siguiente:

—Queridos amigos, tengo algo que confesaros. ¡Me tendréis que perdonar! Resulta que esta semana he estado saliendo mucho por la noche. ¡Todos los días! ¡Copa va, copa viene! Ha sido tremendo. Y esta tarde, de repente, me he acordado de que tenía que dar esta charla aquí. Y la verdad es que no he tenido tiempo de preparar nada. Así que no tengo nada que deciros.

Dicho esto, me encanta fijarme en las caras de la gente. Algunos me miran pensando que estoy de broma. Otros, que estoy llevando a cabo una especie de ejercicio psicológico. Y el resto da muestras de indignación. Pese a las miradas, suelo añadir:

—Así que, amigos, creo que tendremos que hacerlo entre todos. Yo os propongo que preguntéis o digáis algo y arranquemos por ahí.

En los últimos años habré dado unas diez o quince de esas «no-conferencias» y tengo que decir que han sido fantásticas. La gente ha participado muchísimo, yo me he sentido genial y todos han quedado muy satisfechos. Creo que incluso han sido las mejores charlas que he dado.

Pero ¿por qué hago este ejercicio? Para demostrarme a mí mismo y a los demás que mi trabajo no es importante. ¡Que casi nada lo es! Que no sucedería nada si no diese la conferencia. Que lo esencial de la vida no tiene nada que ver con eso. ¡Abramos los ojos de una vez!

Mi experiencia de la no-conferencia está inspirada en algo que presencié a comienzos de la década del 2000. Vino a Barcelona el lama budista Sogyal Rimpoché a dar una conferencia ante nada menos que mil asistentes. Mi amiga María, estrecha colaboradora del monje, me proporcionó un pase vip.

Sogyal Rimpoché es una autoridad en budismo tibetano, a la altura del Dalái Lama, y por eso la sala estaba a rebosar. Entre los asistentes, algunas caras famosas y más de un político. Yo estaba en la segunda fila, al lado de María, y podía ver muy bien el escenario. Detrás, oía todo el bullicio del público.

El caso es que a la hora prevista, a las ocho en punto, no ocurrió nada. Y fueron pasando los minutos. Cinco minutos.

Diez... Algunos fotógrafos se levantaban para tomar panorámicas del público y luego se sentaban.

Quince minutos, veinte... Casi todo el mundo miraba expectante su reloj, pues el monje no aparecía. María y los demás organizadores tampoco sabían nada.

Veinticinco minutos: sin noticias de Rimpoché. La gente empezaba a pensar que había habido algún error. ¡Quizá no era ése el día de la charla!

Y por fin, al cabo de unos minutos más, por un extremo de la sala apareció una comitiva con el monje a la cabeza. Recuerdo su túnica de color azafrán, sus sandalias de cuero crudo moviéndose despacio y su amplia sonrisa en la cara. El tipo estaba sosegado, pausado, feliz. Incluso se detuvo a saludar a algún conocido de la primera fila. Subió al estrado y dio una charla de menos de cuarenta minutos. Eso sí: acabamos a la hora prevista. Parece que, para paliar el retraso, Sogyal acortó la conferencia.

Cuando salimos, fuimos a tomar algo y le pregunté a mi amiga:

—María, ¿esto es normal en Sogyal Rimpoché? ¿Suele hacer esperar a la audiencia?

—Pues te voy a decir algo: ¡sí! Y creo que lo hace a propósito, porque alguna vez le he visto fuera de la sala, sin hacer nada, dejando pasar el tiempo.

No sé a ciencia cierta si aquel bondadoso monje quería transmitir con su actitud lo que yo capté aquel día: que nada es importante excepto la felicidad. Pero, de cualquier forma, yo hice mía esa lección. ¿Hay algo realmente crucial en esta vida? Quizá un par de cosas y no tienen nada que ver con la producción, la eficacia y la locura de la industrialización.

Ser como John McEnroe

Algunas personas me dirán que vivo en «los mundos de Yupi» y que no podemos tomarnos las cosas tan a la ligera, pero tengo pruebas de que sí se puede. Una de estas evidencias es John McEnroe, el famoso tenista de los ochenta.

McEnroe fue el número uno durante años. Todos recordamos sus ataques de ira cuando el juez le quitaba un punto: «¡La bola entró!», bramaba. Sin embargo, leyendo su biografía se aprecia que McEnroe siempre disfrutó del deporte con ligereza. Sí, le gustaba competir, pero sabía perfectamente que era sólo un juego y que el objetivo era pasarlo bien, ser feliz.

Cuando dejó el tenis, abrió en Nueva York una galería de arte contemporáneo y también tuvo éxito en su nuevo negocio. Pero, una vez más, decidió conducir su vida anteponiendo el disfrute. Para McEnroe la vida es un festival de goce y nuestro trabajo puede ser nuestro principal entretenimiento. Si tenemos éxito, genial; si las cosas no salen bien, podemos divertirnos de todas formas. Lo principal es el goce, no los resultados.

Por experiencia propia sé que cuando te tomas las responsabilidades de esa forma todo cuadra: no te preocupas y rindes de la mejor manera posible. Imaginemos que somos unos John McEnroe españoles. Que le vamos a poner a nuestra vida, a todas nuestras responsabilidades, un tinte de diversión y goce. Que vamos calzados con nuestras zapatillas Nike y nuestra ropa deportiva para expresar al mundo que la vida es divertida y así la vamos a vivir: despreocupadamente, sin tanto interés en acertar o no. ¡Lo fundamental es ser feliz!

John McEnroe es sólo una imagen para retener en nuestra mente, pero lo cierto es que la mayor parte de la gente de éxito ha sabido activar el disfrute y no la obligación. Y ése es precisamente su secreto: sin ansiedad de rendimiento, es mucho más fácil brillar. Los que me contradicen en esto aducen ejemplos de deportistas que se condujeron de forma opuesta, como André Agassi, otro número uno estadounidense, que sufrió cada minuto de su carrera como tenista. Él aplicó el sufrimiento, la fuerza de voluntad pura y la preocupación y consiguió llegar a lo más alto, pero yo estoy convencido de que hubiese logrado mucho más de no ser por esa locura neurótica en la que se vio envuelto. ¡La obligación y la preocupación son fuerzas mediocres y, sobre todo, nos llevan por el camino de la infelicidad!

LAS MEDALLAS DE LA MADUREZ

En una ocasión vino a terapia una ejecutiva de una gran multinacional. Mónica tenía unos cuarenta años y, justo entonces, había alcanzado un puesto en el codiciado comité directivo de la empresa. Su sueldo era astronómico y viajaba por todo el mundo. El problema era que, desde que había asumido esa nueva responsabilidad, bajo el mando de un gran jefe estadounidense, se estaba estresando por primera vez en su vida.

El nuevo jefe era muy exigente y Mónica se sentía presionada. En una de las sesiones me dijo:

—Hace dos días expuse en París la estrategia de inversiones para el próximo año. Me salió más o menos bien, pero he estado supertensa toda la semana. Me ha costado mucho dormir.

—Veamos. ¿Y si la exposición te hubiera salido fatal, la peor posible? —le pregunté con vehemencia.

Mónica rió ante la idea de hacerlo exageradamente mal.

—Bueno, imagino que me hubiesen llamado la atención y me habrían pedido que la repitiese otro día —respondió.

—Vale. ¡Imagina que a partir de ahora todas las presentaciones te salen mal! Imagina que inevitablemente todas son un fracaso —planteé.

—¡Entonces me echan fijo, Rafael! —dijo riendo de nuevo.

—Muy bien. ¿Y eso sería el fin del mundo? ¿Qué harías con tu vida? —pregunté muy serio, ya que estábamos hablando de nuestros valores más sagrados.

Mónica reflexionó un poco, miró hacia la pared y volvió su mirada serena hacia mí.

—No sería tan malo. Me indemnizarían muy generosamente y podría encontrar una nueva ocupación.

A la semana siguiente me explicó que por primera vez en muchos meses había conseguido soltar presión y relajarse completamente, y todo gracias a ese ejercicio. Pero nuestro trabajo estaba lejos de acabar. Seguimos razonando sobre su ansiedad de rendimiento.

—Yo creo que el valor de las personas no está en hacer bien determinado trabajo, sino en nuestra capacidad de amar —le expliqué—. Cuando estemos a punto de morir, sólo nos habrán dejado huella nuestros actos de amor...

—Eso es cierto, Rafael —me dijo ella, seria y reflexiva.

—Por lo tanto, si reforzamos este sistema de valores, fallar en cosas mundanas no va a dejar mella en nuestra autoestima. ¿Te das cuenta? Fallar o acertar no es lo importante en la vida: ¡sólo amar y disfrutar mientras estamos vivos!

Mónica asentía con la cabeza, pues a medida que iba interiorizando estas ideas percibía que se distendía y sentía más paz. Proseguí:

—Yo creo que todos podríamos acudir a nuestro trabajo, fallar y estar orgullosos de esos fallos. ¡Con la cabeza bien alta! Demostrando así que, en nuestro sistema de valores, lo único que cuenta es nuestra capacidad de amar.

Mónica, que era creyente, conectaba estas ideas con su religión y a cada momento iba relajando más y más las facciones. Estaba pacificándose profundamente. Continué:

—Y cada fallo que cometiésemos, podría ser una medalla en nuestro pecho. Cada error (con orgullo) equivaldría a una condecoración en la carrera más importante de la vida: la de ser persona.

—¡Vaya, Rafael! Esto me toca de verdad. ¡Tienes toda la razón! No sé cómo lo he perdido de vista.

He trabajado con muchos ejecutivos que se estresaban en su trabajo y, después de cambiar su sistema de valores, se transformaron de manera espectacular. Recuerdo uno en concreto que se convirtió en una referencia para los demás dentro de su empresa: ¡incluido su jefe!

Cuando le vi por primera vez, era un manojo de nervios. Dormía fatal. Los fines de semana estaba obsesionado con el trabajo. ¡Sólo pensaba en la jubilación! Pero al cabo de unos meses de trabajo racional ya era otra persona. Su jefe —que era el director general en España— empezó a convocarlo todos los viernes para comer con la intención de recibir enseñanzas racionales. Sus compañeros también acudían a él cuando se estresaban.

Pero si queremos experimentar un cambio tan profundo tendremos que realizar una mentalización radical. ¡Hasta el punto de convertir lo que antes eran errores vergonzosos en medallas de la felicidad!

HUMILDAD RADICAL: CLAVE DEL BIENESTAR

Existe una cualidad que parece que se ha pasado de moda y que tiene mucho que ver con la salud mental: la humildad. Yo creo que es una virtud básica, pero, para que nos transmita calma en todo momento, tiene que ser una humildad profunda y plenamente convencida. ¡Aquí no valen medias tintas!

Me estoy refiriendo a la humildad propia de la persona que no quiere ser más que nadie, sino sólo uno más. Muchas veces, cuando estamos neuróticos, nos entra la idea de que tenemos que destacar, «ser alguien». De lo contrario, somos unos «fracasados». Pero nada más lejos de la realidad. Para ser felices, lo esencial es la capacidad de pasarlo bien, de apreciar las pequeñas cosas.

Y en el ámbito de las relaciones esto se traduce en tener amigos sinceros y cariñosos, algo que no tiene nada que ver con los logros. Uno quiere tener amigos que le traten de igual a igual, a los que puedas coger por el hombro como cuando éramos niños. Personas sencillas a las que amar.

Cuando recuperamos la salud mental ya no queremos destacar ni ser más que nadie. Podemos tener éxitos, pero se quedarán en meras anécdotas. Los focos y los aplausos habrán perdido toda relevancia.

El dinero o los méritos no son más que resultados colaterales de vivir con disfrute y amor. Pero, si queremos ser fuertes y felices, nuestras relaciones tienen que estar basadas en la humildad más profunda, sabiendo lo ridículo que es tener la necesidad de brillar. ¡Lo único que cuenta es jugar, amar, gozar!

Hace tiempo tuve un paciente que era profesor de antropología. Miguel tenía uno de esos generosos contratos universitarios antiguos que muchos envidiarían: cobraba más de tres mil euros mensuales por dar clase seis horas a la semana. Al margen de eso, podía llevar a cabo investigaciones sobre su campo o no. Nadie le obligaba.

Pero pese a todo Miguel vivía amargado. Dormía fatal. Muchas noches se las pasaba en vela trabajando. Y su mente estaba todo el tiempo llena de ideas negativas acerca de sus compañeros y su jefe. Miguel creía que éste, una eminencia en el campo de la antropología, opinaba de él que era un don nadie y así se lo mostraba en las reuniones.

Por si fuera poco, estaba muy inseguro respecto a su capacidad de dar clases. Enfrentarse a los alumnos le ponía nervioso y si éstos daban muestras de aburrirse, se decía a sí mismo que era un «fracaso». Vamos, que su trabajo era más un infierno que el paraíso que podría ser para muchos.

Y, en la dirección que hemos descrito aquí, su terapia pasó por darse cuenta de que «saber mucho», «ser listo», «cumplir en el trabajo», son necesidades tontas impropias de alguien maduro. ¡A la basura con ellas!

Recuerdo que le sugerí un ejercicio conductual:

—¿Por qué no te haces una camiseta con un lema que diga: «Soy el peor antropólogo del mundo» y la llevas en todas tus clases?

Miguel rió ante aquella propuesta loca. Pero yo insistí.

—Porque si sintieses de verdad que eso no importa, te convertirías en el mejor profesor de la universidad: una persona filosóficamente madura que pretende enseñar con humildad lo poco que sabe. Con cariño. Sin darse aires. Poniendo el amor por encima de todo lo demás. ¡Estoy seguro de que los estudiantes te adorarían!

RANKING DE PROFESIONES MÁS LOCAS

Mi experiencia como psicólogo me ha permitido conocer a muchas personas de muy diferentes profesiones. Y acabo conociéndoles bastante bien porque me explican sus intimidades y, frecuentemente, sus relaciones laborales. Con los años se ha ido estableciendo en mi mente un curioso mapa de lo que podríamos llamar «las profesiones más locas». Esto es, en qué gremios suele haber más neurosis.

Y esto es lo que he comprobado. Los más locuelos suelen ser:

1. Jueces y demás empleados de los juzgados
2. Profesores universitarios
3. Músicos del género clásico (concertistas y cantantes de ópera)
4. Actores
5. Médicos

Estas profesiones tienen en común que sus miembros tienden a autopresionarse en demasía, a «creerse mucho».

Esto sucede entre los que yo llamo «los locos del birrete»: jueces, profesores y médicos.

No por casualidad las intrigas están a la orden del día, hasta el punto de que el ambiente puede llegar a estar muy enrarecido cuando en realidad son profesiones muy hermosas. No aprovechan la maravilla que supone ejercer su trabajo. ¡Y es que no hay nada peor para la salud mental que el denominado «prestigio personal»! Es una de las necesidades inventadas que más locos nos vuelve a los seres humanos.

Nunca dejarán de sorprenderme las rencillas internas que hay en los juzgados: jueces y secretarios judiciales suelen llevarse a matar, generalmente por absurdas demostraciones de poder. Muchas veces, los pobres usuarios pagan el pato de esas peleas de gallos.

Y las reuniones de departamento en las universidades españolas son muchas veces una merienda de negros (las conozco bien porque he trabajado en un par de universidades). Como las describe un buen amigo mío, que es profesor de economía: «Se pelean como hienas por una bolsa de fondos ridícula y se odian porque creen que sólo puede haber un genio». Pobres, no entienden que todos somos genios y que la genialidad se encuentra en la capacidad de amar.

Y otro ámbito maldito: la música clásica y la ópera, que se llevan por delante la salud mental de miles de estudiantes de música de todo el mundo. Absurdamente, se persigue la perfección técnica cuando la perfección no es bella: ¡es antinatural!, además de una invención imposible de una mente torturada que no funciona. He conocido a muchos de esos profesionales aplaudidos en escenarios de todo el mundo que odian en secreto lo que hacen.

Y, por último, mis colegas médicos, con los que trabajo estrechamente, que insisten en llamarse «doctor tal y cual» entre ellos, dándose unos aires en realidad patológicos. Nunca he entendido esa extraña costumbre, más propia de *Alicia en el país de las maravillas*. Sólo les falta ponerse sombreros de copa, como el conejo blanco. ¿Por qué no se llaman a sí mismos por el nombre y el apellido como todo hijo de vecino?

Pero todos esos aires de grandeza sólo juegan en nuestro perjuicio. Tenemos que darnos cuenta de ello si queremos ser realmente fuertes y felices. Cualquier persona, por muy compleja o benéfica que sea su tarea, no es más que un ser humano, desnudo en el mundo, que no se diferencia en nada de un indio del Amazonas. ¡Nadie es más que nadie! Al menos, si quiere mantener su propia cordura.

En este capítulo hemos aprendido que:

- El trabajo sólo es una ocupación para entretenernos. Ningún empleo es realmente importante.
- Si lo desempeñamos con ligereza, disfrutando, los resultados serán excelentes.
- Podemos mostrar los fallos como medallas que nos indican cuáles son nuestros valores en la vida.
- La humildad radical es la base del amor entre las personas. Nadie que se crea superior puede ser plenamente feliz.
- Sólo alcanzaremos el sosiego y el disfrute en el trabajo si asumimos esta filosofía de forma muy profunda. En esto no hay medias tintas.

10

Sin miedo a la muerte ni a la enfermedad

El rey Salomón era rico y poderoso pero, aun así, nunca estaba satisfecho: «A menudo me encuentro ansioso —decía a sus consejeros—. Si las cosas van bien, temo que se tuerzan. Si tengo un problema, temo que no se arregle jamás. He soñado que existe un anillo que otorga el conocimiento y la paz mental. Conseguidlo para mí. Tenéis de aquí hasta fin de año: seis meses».

Los consejeros se pusieron en marcha: preguntaron a los mejores joyeros de Damasco, Babilonia y Egipto; consultaron a los mercaderes más viajados, a los diplomáticos e incluso a los nigromantes... pero nadie había oído hablar de tal objeto.

El tiempo transcurría y Salomón preguntaba continuamente:

—¿Ya tenéis localizado el anillo?

— Todavía no, mi señor —respondían siempre.

Finalmente, los seis meses expiraron. Todos habían renunciado excepto el más joven. La noche anterior a fin de año estuvo deambulando por las calles. No podía dormir ante la idea de comparecer ante su rey con las manos vacías.

Por la mañana se encontró vagando por el barrio más pobre de la ciudad y, delante de una vivienda, vio a un anciano que levantaba un puesto de bisutería. En un último intento, le preguntó.

El viejo se quedó unos minutos pensativo y, sonriendo, sacó un simple anillo de oro de una bolsa y grabó unas palabras en él. El joven consejero lo tomó, leyó la leyenda y exclamó:

—¡Sí, éste es el anillo para Salomón!

Al cabo de unas horas, en el gran salón de Estado, Salomón preguntó a sus ministros:

—¿Habéis conseguido mi anillo?

—¡Lo tenemos, mi señor! —dijo el joven triunfante.

Salomón se lo puso y leyó las palabras escritas en él: «Como todos, pronto morirás».

La salud es un tema que nos afecta a todos. Tarde o temprano, nos llevaremos un susto por su causa: neuróticos y no neuróticos. Y en ese momento es mejor estar bien preparados. La muerte acecha, y la enfermedad siempre nos acompaña.

Recordemos qué decía Jorge Manrique en el siglo xv en las *Coplas por la muerte de su padre*:

> *Recuerde el alma dormida,*
> *aBive el seso y despierte*
> *contemplando*
> *cómo se pasa la vida,*
> *cómo se viene la muerte*
> *tan callando;* [...]

En este capítulo vamos aprender a encarar la enfermedad y la muerte como lo hacen los campeones de la inteligencia emocional, ya seamos nosotros los afectados por una dolencia grave o los familiares o amigos de éstos. Y veremos que existe una forma realmente constructiva y sosegada de abordar el tema, que además nos habilita para cuidarnos de la mejor forma, para llegar a ser, el día que nos toque, ni más ni menos que los mejores enfermos del mundo. O, en el último momento, moribundos felices.

En mi trabajo como psicólogo me ha sorprendido más de una vez la increíble capacidad que tienen algunas personas para dejar de lado cualquier preocupación, ¡incluso las más radicales, como la enfermedad y la muerte más cercanas! Aunque, claro, he visto más casos de lo contrario: cuando la más mínima posibilidad de estar enfermo asola la mente de alguien hasta dejarla exhausta de preocupación.

¿En qué consiste el misterio? ¿Cómo se consigue lo primero?

La muerte no asusta

La primera premisa a la hora de perder el miedo a la enfermedad y a la muerte es convencerse de la evidencia de que antes o después nos tenemos que morir y que, por lo tanto, es absurdo experimentar temor ante ellas. ¡El ser humano, en la naturaleza, está sereno cuando contempla su propio final!

Esta aseveración puede sorprendernos porque nos han hecho pensar que la muerte es algo feo, negativo, erróneo y trágico. Sólo hay que visitar cualquier cementerio para experimentarlo. ¡Son lugares tétricos! De hecho, la existencia misma de los cementerios es fruto de la creencia irracional de que la muerte es mala. Sin duda, en un mundo racional no existirían, pues son lugares absurdos donde se entierran unos huesos para visitarlos periódicamente. ¡Acabemos con los cementerios de una vez por todas!

Lo lógico sería deshacerse de los cadáveres sin que éstos dejen ninguna huella, ya que el muerto se ha ido para no volver. Y si lo pensamos, lo más hermoso es su descomposición natural: rico alimento para bichitos de todo tipo. Pero hemos construido cementerios para visitar a los muertos, como si habitasen en esas estúpidas tumbas. ¡La gente, cuando se muere, no está allí! ¿Qué haces visitando esas piedras? Ese comportamiento surreal responde a ese rechazo neurótico a la muerte.

Y es que la muerte es bellísima; es una función indispensable de la maravillosa vida y no hay nada de lo que lamentarse con respecto a ella. Es más, se debería celebrar como parte del mágico devenir de la naturaleza.

Hoy, precisamente, escribo estas líneas desde la cafetería del Museo Arqueológico Nacional, en Madrid, tras haber visitado la muestra sobre Egipto, con sus sarcófagos y momias. Y no puedo evitar pensar en el absurdo apego que tenían a la vida Nefertiti y sus coetáneos. ¡Pero si no hay nada mejor que morirse! Encuentro ridículo que construyesen pirámides para engañarse a sí mismos. ¿Quién quiere continuar metido en una caja y envuelto en vendas? ¡Morirse es genial!

El principal argumento para no temer a la enfermedad y la muerte es precisamente éste: dejar de seguirle la corriente a la sociedad heredera de la cultura egipcia —y anteriores— para abrazar una concepción más ecológica, como la de los indios americanos, para quienes la muerte era un hecho deseable y completamente normal, como lo es un nacimiento, hacer el amor o bañarse en un lago cristalino.

En efecto, los seres vivos nos morimos y no sabemos qué

destino nos espera. Y eso es fantástico simplemente porque es lo natural. ¡Todo lo natural es bueno!

Ante la vejez de nuestros padres, ante la muerte de un ser querido, ante cualquier enfermedad, pensemos que la naturaleza es sabia y hermosa; y los cambios, en todas sus facetas naturales, son fantásticos —aunque misteriosos— e inevitables.

Y ya que me estrené hace unos capítulos en el arte de redactar manifiestos, ahí va otro:

MANIFIESTO A FAVOR DE LA MUERTE

El día que palmen mis padres
celebraré una fiesta con bebidas
fuertes e intensas como la vida.

Regalaré a los pobres
sus ropas y sus fotos
y sólo mantendré de ellos el recuerdo
que quepa en mi mente.

Y me dispondré a vivir mi vida
con la intensidad que se merece
pues pronto todos estaremos
al otro lado del río.

Cuando vea la muerte cerca
pediré a los que me rodeen
que beban
en mi honor.

Ya estoy llamando
a las puertas del cielo; lo sé
y eso me hace apreciar aún más
esta dulce noche estrellada.

El momento presente

Un monje budista regresó a su antiguo monasterio después de meditar durante diez años en la soledad de las montañas. En cuanto llegó, corrió a visitar a su viejo maestro. Llamó a la puerta.

—Maestro, soy Tenzo. Estoy de vuelta. ¿Me podéis recibir?

—Claro, hijo mío. Entra —respondió el anciano.

El monje se descalzó y entró en la celda de su amado mentor. En cuanto se sentó en el suelo, dijo:

—Señor, he estado diez años meditando y he alcanzado la iluminación. Ya puedo responder a cualquier pregunta espiritual.

—Vamos a ver —dijo el anciano cariñosamente—. Dime: ¿de qué lado de la puerta has dejado tus sandalias?

Tenzo intentó recordar dónde había dejado el calzado pero no lo consiguió. En ese momento, el sonriente maestro dijo:

—¿No puedes recordar dónde pusiste tus propias sandalias hace sólo un minuto? Querido Tenzo, aún no vives el momento presente. Vuelve dentro de otros diez años.

El segundo argumento para dejar de temer a la enfermedad y la muerte es la importancia del presente.

Si comprendemos bien que el presente es lo único que requiere nuestra atención, la Parca dejará de ser un problema puesto que la muerte siempre sucede en un futuro.

Cuando era joven, yo era de los que salían por la noche todos los fines de semana, sin excepción. Me encantaba encontrarme con mis amigos, contarnos la semana, debatir, ligar, tomar copas, bailar y exprimir la noche hasta el amanecer. En gran medida, eran como pequeñas ceremonias de consagración de la amistad y la vida, la diversión y la juventud.

Recuerdo que, en más de una ocasión, inspirado por el dulce cansancio de la jornada, con el alba a punto de despuntar, caminaba de regreso a través del parque de la Ciudadela de Barcelona. En ese momento de calma total apreciaba la inmensidad amorosa de la vida y me daba exactamente igual cuánto llegaría a vivir: ¿un día, un año, un siglo? Lo único relevante era el momento presente.

Es evidente que la felicidad y la fuerza espiritual están en el presente. El día de hoy es un milagro que requiere de toda nuestra atención. El ser humano que vive con intensidad sólo está interesado en el ahora. A todos y cada uno de nosotros, en nuestros momentos de éxtasis (en la montaña, haciendo el amor, etc.), nos da lo mismo lo que suceda mañana. Y esa manera de vivir es la que estamos llamados a seguir.

En otras palabras, el miedo a la enfermedad y la muerte se aniquila centrándose en el hoy, comprometiéndose a vivir en éxtasis en el presente.

Existe una clara relación entre la felicidad y el desprecio a la muerte. Sería algo así:

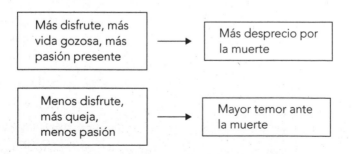

Trascendencia y eternidad

El poeta romano Horacio escribió los siguientes versos: «*Carpe diem, quam minimum credula postero*», que se podrían traducir como: «Aprovecha el día, no confíes en el mañana». Horacio era un hombre muy espiritual, y su invitación a vivir el presente era producto de sus momentos de sintonía religiosa. Cuando sintonizamos con la espiritualidad, nos sobreviene cierta sensación de eternidad que deja sin contenido ni sentido a la muerte.

En una ocasión, siendo muy joven, hice un viaje por las islas Baleares. Era el mes de mayo. Iba con algunos de mis mejores amigos y recorríamos calas, montañas y pueblos. Conocimos a personas interesantes, tocamos música a la luz de las estrellas y más de una vez dormimos en la playa después de improvisar una fiesta hippy. Durante el día nos bañaba la intensa luz del sol y por la noche nos acunaba el sonido del mar.

Recuerdo que, en Formentera, fuimos a visitar a una anciana campesina. La mujer era amiga de la familia de mi amigo Lluc, oriundo de allí. La abuela nos presentó a todas sus ovejas por su nombre y nos invitó a cenar. Era una persona entrañable. En agradecimiento, Lluc y Felip tocaron un par de canciones tradicionales de la isla con los instrumentos que llevaban encima. Ellos eran músicos profesionales. Y la mujer, para mi sorpresa, se sumó cantando en idioma balear. Fue precioso. La guitarra de Felip, el violín de Lluc y aquella cantante folk se ensamblaron perfectamente en aquel entorno idílico.

Aquella misma noche, cuando volvíamos hacia nuestro hostal, a las tres o las cuatro de la mañana, contemplé el cielo más estrellado que he visto en mi vida. La calma era total y el aire olía a la mágica vegetación de la isla.

Y, en un estado próximo al nirvana, Lluc dijo con todo sentimiento:

—Somos inmortales. ¿Lo veis, chicos?

Ni Felip ni yo añadimos nada. Ni siquiera nos miramos. Seguimos caminando con la convicción de que las experiencias de aquel viaje seguirían de alguna forma prolongándose a través del tiempo, en una especie de segundo plano de la existencia donde las cosas buenas perviven en paralelo. Y, al cabo de muchos minutos, Felip, estalló:

—¡Por supuesto que somos inmortales!

Y lo decía en serio.

ACTOS CONSCIENTES Y ETERNOS

Sí. Todos le podemos dar la espalda a la muerte. ¡Es muy fácil! Basta con no prestarle atención. El temor procede del hecho de que todos dicen que es fea. Es una neura compartida, una tontería colectiva.

Yo tengo una amiga llamada Elisa a la que en una ocasión le detectaron un tumor con pinta de maligno. Al final no lo era, pero mientras esperaba los resultados de las pruebas seguía igual de feliz que siempre. Yo le pregunté cómo lo hacía para no preocuparse. Imaginaba que le ayudaba su sólida fe cristiana, pero me respondió:

—Rafael, simplemente me concentro en el presente. El hoy es un milagro rebosante de maravillas. Si intentase dilucidar si mañana seguiré viva o moriré, me perdería el hoy.

¡Y era sincera! No eran frases de autoayuda new age.

La vida está compuesta de «actos eternos» y «actos mecá-nicos». Y creo firmemente que es más importante un solo acto precioso —con sentido, amoroso— que cien mil traba-jos y esfuerzos sin hermosura, sin legado. Nuestra mente es-piritual nos dice que lo hermoso deja un rastro inmortal, una huella eterna. Lo mecánico, en cambio, se pierde. En caso de saber que voy a fallecer mañana, yo, como Elisa, escojo con-centrarme en producir «un acto eterno»: escribir un poema delicioso, apreciar los colores de la tarde, compartir un paseo con un amigo, esto es: vivir con pasión. ¡Al mañana que le den! No es asunto mío. Mi interés está fijo en la belleza, en la eternidad.

La enfermedad no existe

En mi libro *Las gafas de la felicidad* hablé largo y tendido de la enfermedad y de cómo entenderla para que no nos quite ni un ápice de felicidad. Las estrategias que expuse para conse-guirlo eran:

a) Tomarse la enfermedad como una aventura vital más
b) Querer ser el mejor enfermo del mundo
c) Activar el goce de la ayuda mutua integrándose en or-ganizaciones de enfermos

Pero ahora me gustaría añadir una clave más: una de las razones por las que nos amargamos ante la aparición de una enfermedad es que nos decimos a nosotros mismos que «es una fatalidad». Por lo general, miramos a nuestro alrededor, nos comparamos con personas que están aparentemente sanas y nos sentimos mal.

Pero ese ejercicio es irracional porque, desde que abandonamos la primera juventud, todos estamos ya enfermos. O, lo que es lo mismo, nadie lo está. Simplemente, la enfermedad es una característica de la vida. Si cada vez que aparece en nuestro horizonte nos decimos: «Esto es lo normal; a todo el mundo le sucede», sabremos procesarla mucho mejor. Desde que cumplimos más o menos veinticinco años, las personas empezamos a perder salud: desarrollamos miopía, nos duele la espalda... ¡Y no pasa nada! Podemos seguir disfrutando de la vida como siempre, como demuestran los ancianos felices.

Los buenos viajeros se plantean cualquier circunstancia como un aprendizaje. Si les roban el dinero y la documentación, no se detienen a llorar. Asumen que se trata de una parada más en su viaje y se aprestan a solucionarlo de la forma más creativa posible. Luego, todo ello formará parte de su diario de aventuras, de su ajuar de anécdotas gloriosas.

En efecto, recorrer el Himalaya tiene sus sinsabores, momentos de cansancio, sustos e incidentes, pero también está lleno de aprendizajes y de momentos de éxtasis. La enfermedad, en realidad, es sólo uno de esos incidentes vitales que podemos transmutar en hazañas hermosas. Nada que objetar.

Sin miedos de cualquier tipo

Por otro lado, amigarnos con la muerte también reducirá nuestros miedos en general. Cualquiera de ellos, pues los miedos responden siempre a apegos. Si tenemos miedo a hablar en público, es que «necesitamos desesperadamente» el éxito en ese desempeño. Porque si no nos importase nada que una charla nos saliera fatal, ese temor no tendría cabida.

Y lo mismo si nos ponemos nerviosos ante la compra de una casa. ¿A qué tememos en realidad? ¿A perder dinero si la cosa sale mal? ¡No pasa nada! Nunca hemos necesitado más que un bocadillo y un botellín de agua.

Y, claro, el desapego de la vida misma vapulea cualquier temor. El maravilloso hecho de que mañana estaremos muertos es el mejor desestresante. Una vez en la tumba, todo estará más que perdido. Así que, ¿qué sentido tienen las preocupaciones cotidianas?

¿Qué les ha pasado a los Sopa de Cabra?

Un buen ejercicio para desapegarse de la vida es fijarse en lo deprisa que pasa el tiempo para nuestros héroes musicales de la juventud. Hace poco vi por casualidad una foto promocional del grupo Sopa de Cabra. A principios de los noventa tuvo mucho éxito en Cataluña, justo cuando yo tenía veinte años. Era una formación rockera con un toque rebelde muy logrado: melenas, ropa de cuero y miradas desafiantes.

La foto promocional que vi en el periódico pertenecía al

álbum de regreso del grupo. Llevaban veinte años retirados. Pero lo interesante del asunto —para este capítulo— es que para mí los músicos que mostraba aquel retrato eran otros tipos. ¡Aquellos sesentones no se parecían en nada a mis héroes de juventud! Se trataba de unos señores con pinta de haber estado cuidando a su nieto toda la mañana. ¿Qué les había sucedido a los verdaderos Sopa de Cabra?

La vida es un suspiro. Unos pocos años en la cresta de la ola, vendiendo miles de copias, produciendo con gran creatividad y, ¡bam!, se acabó. ¡Que pase el siguiente! Es curioso que nos demos cuenta de la fugacidad de la existencia sólo en ciertos momentos, como cuando contemplamos fotos del antes y el después de otra persona.

No somos conscientes de la proximidad de la muerte porque tendemos a pensar que nuestra existencia va a ser larguísima. Nos manejamos como si fuésemos a vivir, más o menos, mil años. Nos engañamos, y lo malo es que así perdemos la maravillosa liberación que nos proporciona la inminente partida.

Para recuperar los beneficios de la proximidad de nuestra muerte, nada mejor que amigarse con ella, vivenciarla más a menudo e imaginarse que podríamos dejarnos morir con toda tranquilidad en un recodo de la montaña ¡mañana mismo!

Dejarse ir con la Naturaleza

Tengo un buen amigo, Gorka, alpinista de profesión, que ha estado muchas veces frente al hombre de la guadaña. Los muñones de varios de sus dedos son souvenirs de esos encuentros. Una vez, en un refugio de montaña, ante una botella de pacharán, me explicó lo siguiente:

—Recuerdo la última vez que estuve en el Annapurna. Me perdí en las inmediaciones del Campo IV y tuve que pasar la noche en una grieta de hielo. Al principio, mientras preparaba un plástico que me iba a servir de tienda, me cagué de miedo. En mi vida he tenido una sensación de desesperación como aquélla. Sabía que si descendía la temperatura moriría congelado allí mismo. Pero entonces hubo un pensamiento que me ayudó a relajarme. Me dije: «Gorka, creo que ha llegado tu momento. No pasa nada. La Madre Naturaleza te acoge». Me metí en el saco: «Has vivido momentos estelares; recuerda los lagos junto a las cimas; los cielos azules, las noches estrelladas. Te vas a fundir con todo eso». Joder, lloré de la emoción y creo que las lágrimas se helaban a medida que caían. Pero te juro que, de repente, entré en un estado de serenidad y lucidez que no he vuelto a tener en toda mi vida. Entonces me quedé dormido y tuve un sueño increíblemente reparador. Al día siguiente encontré el camino. De hecho, estaba muy cerca, pero nunca hubiese podido encontrarlo durante la noche.

Como Gorka apuntaba, la Naturaleza es la madre gigantesca e incomprensible de todos y cada uno de nosotros. Nos trae al mundo y nos reclama; y así es como tiene que ser.

Frente a cualquier temor: una exposición en el trabajo, perdidos en un barrio peligroso de Bogotá, esperando los resultados de unos análisis médicos decisivos... aceptemos con serenidad la certeza de que dentro de poco estaremos muertos. Vivenciemos en ese instante que somos alpinistas como

Gorka y que nos vamos a dejar morir en un recodo de la montaña.

Imaginemos que somos astronautas que contemplamos la esfera del mundo desde una nave espacial. Todo gira a un ritmo armónico y todo está bien. Nuestra muerte también lo está.

Para Gorka, su muerte será un viaje más, una nueva aventura por la Naturaleza salvaje. Como me dijo aquel día en el refugio, en todas sus rutas se adentra en el interior de sí mismo porque allí, en los pasos abruptos de las grandes montañas, está su alma, el alma de todos. ¿Qué es ese vasco indómito si no una parte del universo? Él lo siente así. Y yo también, especialmente cuando respiro el aire gélido de la montaña o dejo que el agua de un mar transparente acaricie mi cuerpo. La muerte es mi hermana, como la lluvia, los gruesos robles y esa ballena que vi un día surgiendo colosal de las aguas.

El miedo puede invadirnos y darle a nuestra mente unos cuantos revolcones como una ola encabritada. Pero nosotros podemos amansarlo. ¡Vaya que sí! Detengámonos en lo peor de la tormenta: nada de correr para salvarnos. La mente busca salidas como una posesa, pero lo primero es calmarse.

Cuando el miedo enseñe sus colmillos, me detendré y pensaré en mi muerte. En cómo la recibiré sentado en un recodo de la montaña.

LA MUERTE DE LOS SERES QUERIDOS

En mis libros anteriores di algunas claves cognitivas para superar la muerte de los seres queridos, pero quiero añadir una más aquí. Muchas veces, tras la muerte de un familiar, nos apena el hecho de que perdemos una gran fuente de amor. Esto es más evidente en el caso de los padres (y todavía más en el de la madre). Y es que es cierto que nadie nos querrá tanto como una madre; nadie estará tan dispuesta a darlo todo por nosotros. Y cuando se va, podemos caer en la tentación de pensar que perdemos algo precioso. Sin remedio.

El antídoto para esta tristeza se halla en considerar que el resto de los seres humanos pueden ser también increíbles fuentes de amor. ¡Hasta extremos sorprendentes! La pérdida de un referente nos puede movilizar a abrirnos a los demás. Y ahí podemos ser tan intensos como queramos.

En realidad, todos podríamos amarnos los unos a los otros como las madres aman a sus hijos. ¿No sería ese mundo algo genial? Yo estoy totalmente convencido de que podemos hacerlo. Eso no significa darlo todo a todos —una buena madre tampoco le soluciona todo a su hijo—, pero sí desear intensamente su felicidad, tenderles nuestro corazón, comprometernos con el prójimo. El amor incondicional a los demás no sólo nos puede activar un gran canal de goce interior, sino que hará que los otros nos imiten y nos devuelvan grandes dosis de ese amor.

Los seres humanos estamos diseñados para abrirnos a los bombardeos de amor, ¡no podemos evitarlo! En cuanto recibimos uno de ellos, tendemos a lanzar otro igual. Y acto seguido nos ligamos en circuitos amorosos.

¡Abrámonos a ese tipo de amor de madre! Nuestro cerebro emocional responderá inundándose de serotonina y dopamina. Sí, las sustancias de la felicidad.

En este capítulo hemos aprendido que:

- El principal error ante la muerte y la enfermedad es considerarlas como algo malo. Una mirada ecológica nos haría verlas con respeto y admiración.
- Centrarse en el presente aleja el temor a la muerte y la enfermedad.
- La enfermedad es una aventura vital más y ser «el mejor enfermo del mundo», un reto fantástico.
- Pensar que moriremos pronto es un activador del carpe diem.
- Una buena estrategia ante cualquier temor es vivenciar que vamos a morir serenamente en la montaña.
- Ante la muerte de un ser muy querido, abrámonos al intenso amor por el prójimo.

11

Superar el miedo al ridículo

Cuando era joven, Nasrudín cruzaba todos los días la frontera con las cestas de su asno bien cargadas de paja. Se dedicaba al contrabando, y cuando llegaba a la aduana lo primero que hacía era confesarlo:

—Me llamo Nasrudín y soy contrabandista.

Los guardas le registraban una y otra vez. Comprobaban sus ropas y su carga: metían la bayoneta en la paja, la sumergían en agua e incluso habían llegado a quemarla para ver si llevaba algo oculto. Pero nunca hallaban nada.

Mientras tanto, la riqueza de Nasrudín no dejaba de aumentar. Cuando finalmente se convirtió en mulá, le destinaron a una aldea muy lejana y abandonó para siempre el contrabando.

Un día, en aquel lugar remoto, se encontró con uno de los aduaneros de su juventud. Éste no pudo resistir la tentación de preguntar:

—Ahora me lo puedes decir, Nasrudín: ¿qué pasabas de contrabando, que nunca pudimos descubrirlo?

—Asnos —respondió el sabio.

Esta antigua historia de origen islámico ejemplifica cómo muchas veces lo que es importante para unos es irrelevante para otros. Si tenemos unos valores sólidos, nuestra mente se ocupará de lo importante, al margen de la opinión de los demás. Para superar el temor al ridículo, basta con tener claro qué es lo esencial: esa concentración nos convertirá en personas emocionalmente sólidas.

UN TEMOR OMNIPRESENTE

La vergüenza es una emoción perjudicial que asola a muchas personas. Quienes más la sufren son los que padecen fobia social, que no se atreven a relacionarse con nadie por temor a que los hieran o a hacer el ridículo y viven casi aislados.

Pero en menor medida también perjudica a muchos jóvenes, que no se acercan al otro sexo por temor al rechazo. ¡Cuántos no se lamentan de no haberse comido un colín en los veinte o treinta años que llevan de vida!

Otro caso típico donde se manifiesta este temor es a la hora de hablar en público. ¡El 80 % de las personas dicen sentir pavor ante la idea de dar un discurso!

Y es que el miedo al ridículo limita, en alguna medida, a casi todas las personas. ¡Hay tantos que no emprenden proyectos por el temor al fracaso y al qué dirán! Les sucede aquello que decía John Lennon: «La vida es aquello que pasa mientras sueñas con hacer otras cosas». En fin, que la vergüenza es uno de grandes limitadores de nuestra vida y liberarnos de ella nos va a proporcionar enormes ventajas. Dispongámonos a convertirnos, por medio de las cogniciones adecuadas, en unos completos sinvergüenzas.

El día en que se me escapó

En una ocasión me sucedió algo que podría calificarse de vergonzoso. Aunque en realidad no lo fue, porque la vergüenza es una emoción absurda y nada es realmente vergonzoso excepto para la mente. Como veremos a lo largo de este capítulo, a medida que nos volvemos más y más racionales, simplemente dejamos de experimentar esa sensación.

El caso es que, siendo jovencito, ligué con una chica muy guapa y muy dulce. Yo había ido detrás de ella durante unos meses y, por fin, accedió a cenar conmigo. Nos lo pasamos genial. Cuando volvía a casa después de la velada pensé: «¡Uau, qué suerte! ¡Estoy seguro de que le gusto!». Y hasta me costó conciliar el sueño de la excitación.

Nuestra segunda velada fue también maravillosa. Fuimos a cenar a un restaurante hindú. Y al acabar, Elena, que así se llamaba, me dijo:

—Podemos tomar la última copa en mi casa, que está aquí cerca.

—Claro, ¿por qué no? —respondí disimulando la emoción.

Elena me llevó a su piso y dormimos juntos. Fue muy hermoso.

Pero en mitad de la noche, alrededor de las tres de la mañana, me desperté a causa de una pesadilla. Giré la cabeza y vi allí la bonita silueta de Elena. Reconfortado, estiré la cabeza para darle un beso furtivo. Entonces, mientras estiraba el cuello para alcanzarla, me llegó un intenso olor. ¿A qué diantres olía? ¡Apestaba! En décimas de segundo, en un ejercicio mental ultrasónico, mi cerebro me dio la respuesta.

Yo creo que se me debió de desencajar la cara. Levanté

rápidamente las sábanas y allí estaba, en mi lado, un asqueroso charco de heces. ¡Me había cagado!

Volví a cubrirme a toda velocidad, esta vez hasta las orejas, para que no se escapase el hedor. Y lo entendí todo: la cena picante del hindú me había sentado mal y, en medio del sueño, se me habían aflojado los intestinos. ¡Dios, esto no me podía pasar a mí! ¡Qué asco! ¡Qué ridículo! ¿Qué iba a pensar Elena de mí?

No sabía qué hacer. No podía limpiarlo sin que se enterase. Así que decidí despertarla:

—¡Elena! ¡Cariño! Despierta, por favor —le dije dándole unos golpecitos en el hombro.

—¿Umm? ¿Qué hora es? —preguntó con los ojos semicerrados.

—Es tarde. Oye, ¿puedes salir un momento de la habitación? Un momento solo... —dije mientras la empujaba fuera de la cama.

Mi intención era sacarla lo más rápido posible para que no llegase a ver el desastre. Luego lo limpiaría todo.

—Pero ¿qué pasa? —dijo abriendo mucho los ojos. Entonces se llevó los dedos a la nariz—: Joder, ¡qué peste!

¡Ya estaba liada! A partir de ahí, los penosos acontecimientos se sucedieron de la siguiente forma: saqué a Elena de la habitación y, a través de la puerta, le pedí que se fuera a dormir al sofá. Le dije que había tenido un accidente intestinal y que lo quería limpiar todo YO SOLO. Ella insistió en ayudarme pero, por supuesto, no la dejé.

Ya no dormí en toda la noche. Lavé las sábanas y, lo que me costó más, ¡el colchón! Hasta allí había penetrado mi fétida evacuación. Froté con agua y jabón y todos los productos de limpieza que encontré en la casa. Después lo sequé bien con un secador de pelo y repetí la operación varias veces hasta que no quedó ni rastro del accidente.

Hacia las siete y media de la mañana desperté a Elena con un desayuno completo y mil disculpas. Recuerdo que me dio un apasionado beso de consuelo.

Ésta es, probablemente, la situación más embarazosa que he experimentado jamás: ¡cagarme en la cama de una mujer la primera noche que paso con ella! Pero lo importante —al menos para este capítulo— es que, pese a todo, ¡no pasó nada! Elena y yo fuimos pareja durante varios años, nos quisimos mucho y nos reíamos siempre que recordábamos aquel incidente.

En aquella época yo todavía era vergonzoso. Pero, gracias a la terapia cognitiva, eso ya es historia. Con el transcurrir de los años —y una buena dosis de ejercicios racionales— me he convertido en un gran desvergonzado: doy cientos de conferencias en España y el extranjero, participo en programas de televisión... y no experimento ninguna tensión. Pero no sólo eso: llevo la vida que deseo llevar, sostengo creencias que muchos critican ferozmente y me da igual.

Liberarme del temor al ridículo me ha convertido en una persona mucho más libre y la timidez simplemente ha desaparecido de mi personalidad. Y sé que todos podemos conseguirlo.

SER UN INDIO YANOMAMI

El primer argumento antivergüenza es que todos somos iguales, digan lo que digan los demás. Todos: el presidente Obama, el pescadero de mi barrio, la señora de la limpieza, el Papa de Roma, Bin Laden, cualquier indigente... Todos tenemos exactamente el mismo valor: somos preciosos por el hecho de ser personas. ¡Esta creencia es clave a la hora de dejar de ser vergonzoso! No la pasemos por alto. Hay que profundizar al máximo en ella.

Los indios yanomami del Amazonas, uno de los grupos humanos de referencia para mí —porque viven de forma natural y son felices— no tienen jefes y consideran que todos tienen el mismo estatus. En realidad, debajo de nuestros trajes y corbatas, nosotros estamos tan desnudos como los yanomami. Nuestro cuerpo es similar, tenemos las mismas ocupaciones básicas y vivimos en el mismo universo, que, por cierto, desconocemos por completo. Debajo de la sotana blanca del Papa hay un hombre que, en la selva, se mostraría como el resto. Ésa es la esencia de todos. Y el día que recobremos el juicio y regresemos a la vida natural, las cosas quedarán claras de un plumazo.

Ser hábil, listo, extrovertido, elegante, guapo, rico o lo que sea... no nos hace diferentes porque, en realidad, en la esencia de la vida —esto es, sobrevivir en el medio natural— todos somos iguales. Comprender este hecho de forma profunda pulveriza el temor a ser menos, por muchos fallos que cometamos. Obama, el Papa, Teresa de Calcuta, Rafa Nadal... también se cagan encima cuando la comida hindú les sienta mal. Nadie es más que nadie: ¡nunca! Suceda lo que suceda.

Despreciar las cualidades tontas

El segundo gran principio antivergüenza es que el único valor importante es nuestra capacidad de amar la vida y a los demás. La inteligencia no cuenta para nada a la hora de ser felices, ni la belleza, ni las habilidades de cualquier tipo. Yo he conocido a gente muy inteligente —brillantes matemáticos, por ejemplo— que se sentía muy desgraciada, y a muchas chicas hermosísimas con ganas de suicidarse. Nada de eso es mínimamente valioso.

Sin embargo, el intenso amor por la vida, la alegría desbordante o el amor sí son claves porque otorgan la felicidad. Por lo tanto, ¿qué importancia tiene fallar, equivocarse, carecer de habilidades y cualidades... si con eso no se consigue la plenitud?

Tengo que advertir que, para perder la vergüenza, es necesario aceptar estas creencias en profundidad. Sólo nos liberaremos del temor a hacer el ridículo si las hacemos nuestras hasta el tuétano de nuestra mente.

Hace poco tuve la fortuna de recibir una invitación para dar una charla delante de unas personas a las que admiro muchísimo: los miembros de Alcohólicos Anónimos. Se celebraba en Madrid el decimoctavo aniversario de su creación y pude conocer a un grupo de personas excepcional, de todas las edades: jóvenes y mayores; de todas las profesiones: periodistas, abogados, un juez, etc. Y casi todos tenían una alegría interior, un brillo especial en los ojos típico de quienes han descubierto una nueva manera de vivir, más plena. Esas personas habían regresado del infierno y habitaban ahora muy cerca del cielo.

Humildad radical

Uno de los pasos del método de Alcohólicos Anónimos es el desarrollo de una humildad radical, que es una virtud fundamental para convertirse en una persona fuerte, no sólo para los alcohólicos sino para todo el mundo. De hecho, estoy convencido de que siempre que perdemos el norte es en gran medida por lo contrario: por arrogancia, por darnos demasiada importancia. Pero podemos recuperar la cordura en el momento en que dejemos de querer ser relevantes.

No en vano siempre se ha caricaturizado a los locos con un cucurucho de papel a modo de sombrero y la mano en el pecho, imitando a Napoleón. Y es cierto que los psicóticos suelen tener delirios de grandeza. Es tal su necesidad de notoriedad que no les basta con creerse directores de empresa o buenos artistas, tienen que ser mucho más que eso: ¡Jesucristo! ¡O el mismo Dios! No se dan cuenta de que no hay nada peor que ser tan importante: ¡qué estrés tener tanta responsabilidad! Además, ser tan insigne nos aparta de los demás.

Yo no quiero ser nada de eso. Al contrario: deseo ser una persona normal, algo así como un pastor de ovejas, como lo fue mi padre en su juventud: uno más entre el grupo, capaz de ser amigo de otro, de cogerle por el hombro para ir a dar un paseo por el campo. Y es que el poder —o la notoriedad— es una maldición que te convierte en alguien solitario y triste. La igualdad, en cambio, es amorosa y participante.

Alcohólicos Anónimos, que atesora casi cien años de experiencia curando a millones de personas, dice que la verdadera causa de la enfermedad del alcoholismo grave es la arrogancia. Y es que el complejo de superioridad nos hace tan débiles que necesitamos emborracharnos todos los días. Es tal el descalabro que produce «creerse mucho» que tienen que beber para soportar la vida.

Para curarse, lo primero que tienen que hacer es dejar de querer ser especiales. ¡Pero de forma radical! Tienen que huir de premios, reconocimientos, medallas y coqueterías. Los miembros de Alcohólicos Anónimos se tienen que centrar en la colaboración mutua y el amor. Por eso en sus reuniones empiezan sus discursos así: «Mi nombre es Jaime y soy alcohólico». El propósito de esa frase es darse un buen baño de humildad. ¡Nada mejor para la mente! A partir de ahí, empieza el crecimiento personal.

PODERES EXTRASENSORIALES

En una ocasión vino a verme a la consulta una persona bastante peculiar. Era una seguidora de mi trabajo, tenía unos cincuenta y cinco años y se llamaba Pepa.

—¡He leído tus libros y me encantan! Confío en ti. Creo que eres el único que me puede ayudar —me dijo.

—Adelante —repliqué.

—Oigo voces. Pero no estoy loca. Sé que son espíritus que guían mi vida.

En cuanto Pepa entró en mi consulta imaginé que podía tener un problema de psicosis, la etiqueta diagnóstica de las personas que tienen alucinaciones o delirios. Su aspecto físico la delataba. Muchas veces los esquizofrénicos visten de forma descuidada, van despeinados y tienen poca empatía a la hora de comunicarse: están absortos en su mundo. Tras su declaración, le pregunté:

—Pero ¿esas voces te molestan?

—En general me ayudan, pero en ocasiones me dicen cosas feas. Por eso quiero que me ayudes: quiero controlarlas, dominar este poder.

Yo decidí ir directamente al grano y, después de oír toda su historia, le dije:

—No te enfades conmigo, porque voy a ser sincero. En mi opinión tienes una enfermedad que te hace oír esas voces, aunque no existen. Los seres humanos podemos experimentar alucinaciones, por ejemplo bajo hipnosis. Pero en realidad no hay nada cierto en ello. Yo te puedo ayudar a que dejes de oírlas pero no a que «uses ese poder», porque no son reales.

Pepa se puso muy seria, pero enseguida sonrió socarronamente:

—Creía que eras diferente, pero veo que no. Eres igual que los psiquiatras que me han visitado. No tienes la sensibilidad necesaria para entenderme —me dijo.

—Te voy a decir la verdad, Pepa. Te ruego que no te molestes, por favor, pero creo que esto te hará bien. Yo creo que tienes un complejo de superioridad muy grande.

—¿Yo? ¡Qué dices! Pero si yo soy una persona muy humilde. Eso tú, que exhibes títulos y te crees mucho. ¡Como los psiquiatras!

—Pepa, yo he estudiado con esfuerzo y nada de lo que digo es de mi cosecha. Sólo explico lo que otros han descubierto. Los títulos dicen que me he preparado para utilizar unos métodos: como miles de psicólogos de todo el mundo.

Pero fíjate que yo no tengo el «honor» de ser elegido por los espíritus para tener una comunicación privada. Eso es algo muy elevado, ¿no crees? —le sugerí con el tono más delicado que pude.

—Es cuestión de sensibilidad. Nada más. Es algo con lo que se nace —me explicó.

—Claro, Pepa. Pero da la casualidad de que ese poder te sitúa en una posición de increíble superioridad. ¡Eres una elegida! Y creo que ahí está tu problema real: te crees demasiado. Te aseguro que para ser feliz es mucho mejor no querer ser especial.

A lo largo de los años he conocido bastantes casos de esquizofrenia y todos ellos tenían en común una voluntad de protagonismo exacerbado: se creían con poderes, con sensibilidades especiales, con misiones vitales para salvar el mundo. Pero como decía antes, querer ser tan importante conlleva una carga enorme que acaba por trastornar a cualquiera.

BAJAR ABAJO PARA SUBIR A LO MÁS ALTO

En todos mis libros he hablado del concepto «bajar abajo para subir a lo más alto» y es un modo de poner en práctica la humildad radical. Consiste en encontrarle el gusto a bajar, a desprenderse de cualidades, a ser menos —con la cabeza bien alta— porque ya no nos interesan la belleza, la inteligencia o la extroversión... Ahora lo apostamos todo al amor para sentirnos renovados, llenos de energía y seguros de nosotros mismos. ¡No hay mejor autoestima que la basada en la humildad radical!

«Bajar abajo para subir a lo más alto» consiste en poder decirle a alguien que te menosprecia por ser feo o tonto: «Lo que tú quieras. Yo ya no necesito ser guapo o listo. Ésas son cualidades del débil. Si tú lo necesitas, vas por mal camino». Y quedarse tan ancho. Bajar implica subir a lo más alto porque nos convertimos en personas más maduras, que están por encima de lo que los demás puedan opinar sobre cualidades basura.

La estrategia de bajar abajo elimina el temor al ridículo porque estamos dispuestos a que los demás nos califiquen como les parezca mejor. Tenemos la autoestima muy bien fijada en nuestras cualidades amorosas y sabemos que se equivocan si dan valor a la inteligencia o la belleza. La autoestima basada en nuestra capacidad de amar es inamovible. La que se basa en cualidades trampa siempre está temblando porque el día que nos reconocen como listos o guapos estamos satisfechos, y el día que no, nos entra el bajón.

Siempre que nos sobrevenga un pensamiento o una emoción relacionada con el ridículo, pensemos: «Yo puedo bajar a lo más bajo y ser feliz; no necesito hacer las cosas bien; sólo amar». Si nos sorprendemos a nosotros mismos temiendo, por ejemplo, hacer mal una presentación, digámonos: «Podría ser el peor conferenciante del planeta ¡y me daría exactamente igual!».

SER UN PERRO

Diógenes fue uno de los grandes filósofos de Grecia, quizá el número uno, y su prestigio se sustentaba en su modo de vida.

Aquel hombre de largas barbas había optado por la pobreza, despreciando las riquezas familiares.

No obstante, al principio de su carrera toda Atenas se escandalizó cuando decidió trasladarse a vivir a un tonel. Le pidió a su amigo Lisístrapo, comerciante de vinos, una de sus gigantescas barricas, la tumbó junto a las escaleras que daban acceso al ágora y la convirtió en su hogar. Diógenes, ufano, se metía allí para dormir y almacenar sus escasas pertenencias.

En aquellos primeros días de vida en el tonel, otro de sus mejores amigos, Lucio, compañero de juventud, le preguntó:

—Pero ¿realmente es necesario que vivas así? ¿No estás exagerando?

—Es sólo un experimento, Lucio. Ya he vivido como un noble. Ahora me toca demostrar que puedo ser feliz como un lacayo —concluyó el filósofo.

Pero lo que menos entendió Atenas fue por qué adoptó un apodo tan raro. Poco después de trasladarse al tonel quiso que le llamasen «el Perro» y, a partir de entonces, sus seguidores serían «perros» como él. Diógenes mismo explicó esta maniobra:

—Desde ahora soy «Diógenes el Perro» porque yo, como los animales, quiero practicar una maravillosa habilidad: que no me importe nada la opinión de los demás. Los perros son libres para hacer y deshacer y no se ruborizan ante nadie. Seamos pues conocidos como los *cynoí*, los perros, y nuestra filosofía, la *cynica*.

Me encanta el sobrenombre de «el Perro» porque para liberarse de la vergüenza hay que ser un *cynos*, alguien que sabe que los elementos para ser feliz se encuentran en uno mismo y que la autonomía es un bien que hay que defender frente a la opinión errónea de los demás.

Mearse sobre los críticos

Cuentan que en una ocasión Diógenes fue invitado al banquete de un acaudalado admirador. En una de las mesas se sentaba Erástenes, un filósofo rival que era el preceptor de la mayoría de los niños ricos de Atenas y gozaba de muy buena posición. Aun así, era envidioso y no soportaba que a él se le considerase un simple profesor mientras que Diógenes era tenido por un hombre sabio, un mito viviente.

En un momento dado, Erástenes, espoleado por la bebida, alzó la mano y le lanzó un hueso a Diógenes diciendo:

—¡Ahí tienes, Perro, comida suculenta!

Diógenes, también encendido por el vino, se levantó y fue hacia el grupo del profesor. Todos callaron para oír su ingeniosa réplica, pero éste sólo se arremangó la túnica y levantó la pierna para lanzar un fiero chorro de orina. Las risas estallaron en la sala y la voz de Diógenes se alzó para concluir:

—En efecto, puedo comer huesos y orinar sobre pretendidos sabios, como lo haría un perro. No desfallezcas, amigo, quizá algún día puedas hacerlo tú.

Miedo a ponerse rojo

Algunas personas tienen miedo a ruborizarse, tanto que ellas mismas se provocan el problema poniéndose coloradas con sus propios nervios. La solución, claro está, se halla justamente en no darle importancia al tema y decirse a uno mismo: «Si me pongo rojo, da igual. Si los demás se dan cuenta de que algo me pone nervioso, pues que se enteren. Y si creen que soy débil, ¡es su problema! Porque nadie es débil por ruborizarse. El valor de las personas está sólo en nuestra capacidad de amar!».

En Japón este temor llega a extremos insospechados. Muchas personas no se atreven a salir de casa por este motivo. ¡Qué absurdo! ¡Todos nos ponemos rojos de vez en cuando! Y si nos ocurriese a cada momento, sin remedio alguno, ¡tampoco pasaría nada!

Hablar en público y que salga mal: ¿a quién le importa? Si todos valemos exactamente igual.

Intentar ligar y que nos rechacen: ¿qué pasa? Si eso le sucede hasta a George Clooney.

Dar un traspié y caerse al suelo en un restaurante elegante: ¡nada más humano! ¿O alguien está libre de que le suceda?

Seamos *cynoí*, seamos indios yanomami, seamos personas que aman por encima de todo lo demás. No hay nada más elevado que desear ser sólo uno más.

En este capítulo hemos aprendido que:

- La vergüenza se vence dándose cuenta de que:
  a) Todos valemos igual.
  b) La única cualidad valiosa es la capacidad de amar.
- La clave de una autoestima sólida es la humildad radical.
- Las personas más elevadas son, paradójicamente, las que no tienen inconveniente en «bajar abajo».
- Aceptemos lo antes posible que nos criticarán y adoptemos el sobrenombre de *cynoí*.

12

Liberarse de los malos hábitos

Un hombre muy devoto iba a misa todos los días y cumplía con todas las normas de la Iglesia. En una ocasión se produjo un diluvio y las calles y las casas de su ciudad se anegaron. El hombre subió a la azotea de su hogar, pero el nivel del agua subía más y más. Allí arriba, de rodillas, le pidió ayuda a Dios.

Al poco, apareció una barca militar. Un soldado le ofreció subir a bordo.

—No, gracias. Dios me salvará —dijo el beato.

Poco después, el agua cubrió también la azotea y el hombre tuvo que ponerse a nadar. Al cabo de una hora, otro bote pasó por allí. Esta vez le lanzaron un chaleco salvavidas, pero él lo rechazó.

—No, gracias. Dios me salvará —gritó desde el agua.

Al final del día, un helicóptero con un potente foco lo descubrió nadando ya exhausto. Inmediatamente, tiraron una cuerda para rescatarlo.

—No, gracias. Dios me... glu, glu, glu.

El beato, agotado, se hundió y desapareció en las aguas.

Cuando se despertó, estaba delante de Dios.

—Señor, ¡dijiste que me salvarías pero me dejaste morir! —exclamó quejoso.

—*Lo intenté* —*dijo Dios*—, *pero rechazaste mi ayuda.*

—*¡No fue así!* —*dijo el beato.*

—*Mira* —*explicó Dios*—. *¡Te envié una barca, un salvavidas y hasta un helicóptero! ¡Si eso no es ayuda, no sé qué puede serlo!*

Paula tenía el hábito de practicar sexo de forma compulsiva. Era una mujer muy guapa e inteligente, médico, y hacía uso de su soltería retozando todos los días con alguno de sus muchos amigos con derecho a roce. Y en ocasiones lo hacía con dos hombres diferentes en un mismo día. Pero, según me contó, con muchos de ellos no disfrutaba. Lo percibía más bien como algo rutinario; cuando esos ligues abandonaban su casa, se liberaba: ¡por fin sola! Aunque prefería ese entretenimiento compulsivo que el vértigo de no tener nada que hacer.

Durante la primera sesión me confesó:

—¡No sé por qué lo hago! Me doy cuenta de que se trata de una compulsión, como quien se da atracones de comida.

—Yo creo que sí lo sé, Paula. Lo haces porque esas noches sientes que necesitas la distracción del sexo. Si no dispones de esa aventura, te sientes vacía. Tienes el típico miedo a la no-acción —le indiqué.

—¡Tienes razón! ¡Tengo justo esa sensación! Si me falla uno de mis ligues, tengo que buscar rápidamente a otro en mi agenda porque siento que piso en falso —reconoció—. Pero ¿cómo lo supero?

—Pensando correctamente. Yo te enseñaré.

Todos nos hemos visto arrastrados alguna vez por la fuerza de un hábito nocivo, como devorar comida basura, quedar con gente que no nos conviene o jugar a videojuegos en vez de hacer algo productivo. Decimos que son compulsivos cuando realizamos estas acciones para llenar un vacío neurótico, es decir, un vacío que no existe.

Los hábitos «llena-vacíos» nos impiden tener una vida realmente fascinante, ya que estas conductas —al ser compulsivas— acaban siendo grises, «rutinarias», como decía Paula, más una obligación que algo que se escoge libremente. Y muchas veces nos pueden ocasionar problemas serios, como el juego patológico, el sexo arriesgado o engordar de forma poco saludable.

Pero lo cierto es que casi todos tenemos algún mal hábito de ese tipo, aunque sea menor. Veamos cómo liberarnos de ellos de una vez por todas.

TOCAR LA PIEDRA DEL PODER

En una película de Indiana Jones, el intrépido profesor iba en busca de unas piedras que otorgaban un poder descomunal. Látigo en mano, recorría la selva y arriesgaba la vida con valentía. El premio valía la pena. Paula y yo fuimos también en busca de «las piedras del poder». A diferencia de las de Indy, las nuestras eran reales y otorgaban fuerza emocional y una vida emocionante, dulce y plena. Además, con sólo tocarlas, eliminaban las costumbres o hábitos nocivos.

La piedra del poder emocional representa al «gran amor por la vida». Para activarla tenemos que focalizarnos en buscar SIEMPRE la alegría de hacer TODO con pasión, incluidas las pequeñas cosas, las simples actividades cotidianas.

Las personas que sienten la necesidad de hacer actividades «llena-vacíos», tienen que renunciar a ello en el momento de la compulsión, apostar por una vida más plena y orientarse hacia la pasión por las pequeñas cosas. El siguiente esquema ilustra el proceso a seguir:

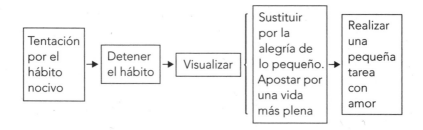

El penúltimo doble paso es el más importante: «sustituir por la alegría en lo pequeño» junto con «apostar por una vida más plena». Para cumplimentar ese paso, a mis pacientes les ayuda llevar a cabo una meditación/visualización que podemos hacer caminando mientras escuchamos música. Me estoy refiriendo a «la visualización de la vida plena» que detallé en mi libro *Las gafas de la felicidad*.

Se trata de convencerse a uno mismo —visualizando— que podemos aprender a disfrutar de cada uno de los nueve ámbitos de nuestra vida hasta extremos que nunca habíamos imaginado: de trabajar con pasión, del amor a la familia, del deporte, del ocio, de las amistades, de la espiritualidad, del aprendizaje, de la pareja y de la amistad.

En nuestra imaginación, nos vemos gozando de cada pequeña cosa porque prestamos atención a lo que tenemos entre manos. ¡Les sacamos jugo a todas nuestras facetas! ¡Nos proponemos tener grandes vidas! ¡Ésa es la verdadera piedra del poder de la vida!: aprender a emocionarse con todo. ¡Donde esté la piedra del poder, que se quiten las grises compulsiones!

En esta visualización hay un momento en que nos podemos ver con un álbum de fotos en las manos. Se lo mostramos a alguien y le explicamos la vida que tenemos: ¡qué relaciones familiares más deliciosas!; ¡qué vida de ocio en la montaña, en el mar, en el cine o en salas de conciertos!; ¡cómo gozamos en el trabajo!...

Mis pacientes aprenden a hacer «la visualización de la vida plena» cada vez que se les pasa por la cabeza un hábito compulsivo. Acto seguido, llevan a cabo el segundo paso: escoger una tarea cualquiera para realizarla con pleno disfrute.

Estas dos actividades —la visualización y llevar a cabo una tarea pequeña— sustituyen de forma efectiva a cualquier compulsión. ¡Comprobado! Esta simple maniobra en dos pasos eliminará la sensación de vacío y nos permitirá descubrir todo un conjunto de nuevos hábitos mucho más constructivos.

GLORIOSOS DOMINGOS POR LA TARDE

En mi libro *Las gafas de la felicidad* hablé también de la «neura del domingo por la tarde», una depre muy extendida en todo el planeta que se reduce a sentirse mal cuando se acaba el fin de semana porque parece que ya no hay nada que hacer, que algo se muere.

Yo la experimenté algunas veces en mi juventud, pero desde hace muchos años está más que enterrada. Las personas que todavía la sufren lo hacen porque sienten ese vacío absurdo, ese miedo a no hacer nada. El mismo temor que despierta los hábitos nocivos del sexo o el juego compulsivo.

Sin embargo, mis actuales domingos por la tarde son gloriosos, uno de mis momentos favoritos de la semana. Suelo quedarme en casa, me preparo una buena taza de té y sintonizo mi canal de radio preferido. Con este escenario fantástico, enciendo el ordenador y escojo alguna tarea que me apetezca hacer. Muchas veces se trata de tareas mecánicas, como ordenar archivos o responder e-mails, pero lo hago disfrutando intensamente del momento: té humeante, buena música y dulce trabajo constructivo. Junto al ordenador siempre tengo papel y boli para anotar el título de las canciones que me descubre el programa de radio. Luego las busco en Spotify y las añado a mi biblioteca de música.

Más o menos a los cuarenta y cinco minutos me tomo un merecido descanso para distraer la mente: miro mi facebook, escribo algún whatsapp simpático a un amigo o salgo a la calle a dar un pequeño paseo. Mis tardes de domingo son deliciosas y provechosas. Todo lo opuesto al vacío absurdo que lleva al hábito compulsivo. El secreto es aprender que cada sencillo instante de nuestra vida puede ser glorioso. Tan sólo hace falta ponerle pasión y amor al momento presente, valorar las pequeñas tareas, darse cuenta de que depende de nosotros hacerlas «gloriosas».

UNA VIDA MÁS PLENA

La gran motivación para zafarse de los hábitos negativos es pensar que, eliminándolos, estaremos más cerca de llevar una vida mucho más plena. Si a partir de ahora abandonamos las actividades «llena-vacíos» para alimentar el amor por la vida, ¡a lo grande!, nos dirigiremos hacia un gran destino.

Así lo hizo Paula. Le resultó fácil abandonar el sexo descabezado cuando se dio cuenta de que podía sustituirlo por algo mucho mejor: ser mucho más feliz en general, llenar su vida sólo de actos significativos que la impulsaran hacia la plenitud. ¡Trabajar cada instante por una vida dulce, intensamente preciosa!

Cada noche, al llegar a su casa, pensaba lo siguiente: «Voy a tener una vida maravillosa, interesante y plena. Y lo puedo conseguir desde ya mismo contribuyendo con una tarea pequeña realizada con amor». Y se visualizaba durante unos diez minutos en lo que iba a ser su nueva vida de seguridad y fortaleza. En sólo unas semanas ni se acordaba ya de la compulsión. Así de fácil.

El siguiente esquema resume una vez más los dos pasos para acabar con los hábitos inadecuados:

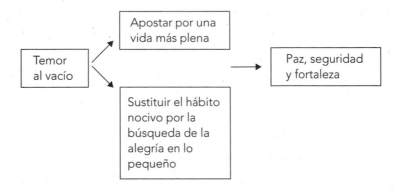

Una vida apasionante, siempre

Otro paciente, un chaval de diez años, inteligentísimo, me decía lo siguiente:

—A veces me siento mal porque desearía vivir en el mundo de Harry Potter. Me encantaría vivir en Inglaterra, en una escuela para magos. Y cuando veo que estoy aquí, en Barcelona, me entristezco.

Y no en pocas ocasiones ha habido personas que me han preguntado:

—Rafael, ¿no es cierto que, después de la juventud, la vida es aburrida? Porque ya lo has descubierto todo y no queda más que repetición y tedio.

A todos los que piensan que la vida adulta es monótona les respondo que eso es así sólo porque se convencen de ello. Y esto hace que no activen la ilusión por lo que tienen entre manos. Lo único cierto es que cuanto mayores somos, MÁS oportunidades de gozar hay.

Sólo por poner un ejemplo: yo, de niño o de joven, ni sospechaba lo increíble que podía llegar a ser el trabajo, la ciencia y el estudio. Ese intensísimo goce sólo lo he podido adquirir en la edad adulta porque únicamente ahora mi mente es capaz de apreciar mis oportunidades y las maravillas de la vida fugaz.

Si nos apasionamos con nuestras tareas, por pequeñas que sean, si nos planteamos metas estimulantes, pequeños retos, si hacemos las cosas con amor... la vida es una aventura maravillosa ¡siempre y en todo lugar! ¡Hasta el extremo que uno quiera!

Hace años que ya no tengo «pasatiempos». No pierdo el

tiempo jamás, en el sentido de que mi vida está llena de tareas apasionantes: cosas que hacer con amor para contribuir a mi felicidad. Por supuesto que descanso y me divierto, pero no se trata de matar el tiempo sino de tomar fuerzas para volver a mi apasionante vida. ¡Ahora disfruto mucho más que cuando era niño o joven porque conozco muchas formas de ponerle amor a la vida!

También ha desaparecido de mi vida la experiencia del aburrimiento. Por ejemplo, cuando viajo en tren o en avión, lo normal es que en las salas de espera esté frente a mi ordenador, enfrascado en algo interesante. Me pongo los auriculares con mi música favorita, con un café a un lado, y paso fantásticas jornadas de... ¡espera! ¡Viajar es apasionante incluso durante los tránsitos!

Todos los momentos pueden ser gloriosos si nos concentramos con ilusión en el amor por la vida y en las diferentes tareas que pueden iluminarla. No necesitamos ningún hábito nocivo porque no hay ningún vacío. La vida está siempre llena.

En este capítulo hemos aprendido:

- Los hábitos «llena-vacíos» buscan tapar un vacío interior absurdo, que es un miedo a no hacer nada, a aburrirse.
- La clave para acabar con esos hábitos consta de dos pasos:

  a) Ser ambicioso y querer tener una vida muy dulce e intensa.
  b) Activar el amor por las pequeñas tareas.

13

Aprender a no hacer nada

> ¿Por qué hemos perdido la habilidad de la indolencia? ¿Cuántas veces nos sentamos serenamente, sin hacer absolutamente nada, sin propósito ni destino, bien plantados en el presente, libres?
>
> HENRY D. THOREAU

El mulá Nasrudín se hallaba en su jardín. Había estado trabajando toda la mañana en el huerto y se sentó a la sombra para refrescarse.

Observando una hermosa calabaza, pensó: «Alá, tu sabiduría es grande, pero hay algunas cosas que yo hubiese hecho de otra forma. Fíjate en esa impresionante calabaza que crece tirada por el suelo. Y después mira la nuez: una pequeña cosa que crece colgada de un árbol imperial. Yo lo hubiese hecho al revés: las gloriosas calabazas colgarían de magníficos árboles y las nueces saldrían de la tierra».

Y así se quedó un buen rato, ufano, imaginando otras creaciones. Una suave brisa movió las ramas que había sobre su cabeza. De repente, una nuez cayó sobre la calva redonda del

*mulá haciendo un ruido seco al golpear. Nasrudín soltó un grito
y enseguida le salió un chichón. Pero entonces, en ese mismo
lugar, decidió postrarse ante Dios. Sonriendo, dijo:*

*—Oh, Alá, perdóname. Tu sabiduría es realmente grande.
Si hubiese sido yo el que hubiese dispuesto las cosas sobre la
Tierra, ahora no estaría rezándote, sino en el hospital desco-
yuntado por el impacto de una calabaza.*

Una de las neuras más típicas de nuestros días es el miedo a
no hacer nada, a estar desocupado. Se trata del vacío amena-
zador de la inactividad. Hay personas que se quedan repenti-
namente desocupadas y se encuentran mal, sobre todo si es
en un momento en el que uno «debería» estar trabajando,
aprovechando el tiempo. Entonces se añade al malestar un
sentimiento de culpabilidad, de inutilidad. A raíz de esta neura, mucha gente prefiere tener todo su tiempo acotado en diferentes obligaciones o tareas.

El músico Joaquín Sabina confesó en una ocasión que tenía este problema, que yo llamo «ociofobia» o fobia a la inactividad. Sabina decía que experimentaba una autoexigencia
que le obligaba a trabajar todos los días, así que se ponía frente a su escritorio y escribía poemas o canciones. Si no lo hacía,
le entraba un sentimiento de vacío depresivo, de culpabilidad, incluso de desorientación.

El número de ociofóbicos graves no llega al 1 % de la
población, aunque en la actualidad casi todos lo somos un
poquito. Como decía Thoreau en la cita que encabeza este
capítulo, «hemos perdido la habilidad de la indolencia».
Pero, en todo caso, se trata de una neura que a todos nos con-

viene superar porque ese temor nos impide relajarnos por completo. Además, provoca que no escojamos libremente lo que deseamos hacer en la vida. Este temor, aunque sea ligero, nos acelera y esclaviza.

En una ocasión tuve una paciente a quien llamaremos Rosa, una funcionaria de unos cincuenta años. Trabajaba de ocho a tres en tareas bastante rutinarias, pero en la oficina se encontraba bien, calmada. Al volver a casa, por la tarde, empezaba el malestar: experimentaba un gran vacío neurótico y las horas se le hacían eternas hasta que llegaba la noche. Entonces se iba a la cama exhausta por los nervios.

Hasta un año antes siempre había ocupado su tiempo libre en hacer deporte, asistir a cursos en centros cívicos y quedar con su mejor amigo, pero ahora tenía una lesión que le impedía ir al gimnasio, se había hartado de los cursos y había discutido con su amigo del alma. ¡Dios, estaba acorralada por el fantasma de la inactividad!

Los pacientes con miedo a no hacer nada suelen pasarlo especialmente mal en vacaciones. Y cuando viajan, acostumbran a visitar los sitios a toda prisa, llenando todo su tiempo con lo que dice la guía de viaje más prolija.

Muchas personas con adicciones deben su problema a la ociofobia y se dan a la bebida, al juego patológico o al sexo compulsivo para tapar la amenaza del vacío de la inactividad. Tanto es su temor que se arrojan a actividades nocivas como jugar a las máquinas tragaperras, algo que en realidad es mucho más aburrido y monótono que la propia inactividad total.

Recuerdo otra paciente, una inglesa de treinta y cinco años, madre y ama de casa, que iba por el mundo con un grueso libro de notas, roído por el continuo uso, repleto de listas de tareas para hacer. Llegaba a la consulta con la lengua fuera y se iba a la misma velocidad en pos de más y más actividad. Era delgada y su cuerpo estaba siempre tenso. Su vida era una huida constante del fantasma de la inactividad.

ESTAR INACTIVO TODA LA VIDA

Vamos a aprender aquí que podríamos estar completamente inactivos toda la vida y pasarlo en grande. Y no sólo eso, se da la paradoja de que en la inactividad podríamos producir algunos de los bienes más valiosos para la sociedad, esto es: creaciones artísticas o gestos espirituales.

Y es que nadie necesita estar activo, ni en los días festivos ni en los laborables. En completa indolencia podríamos ser totalmente felices por muchas razones:

a) Porque es el estado natural del ser humano.

b) Porque muchas personas son felices sin hacer nada y no son extraterrestres. Es decir, se puede.

c) Porque si algo le conviene al planeta es un poco de inactividad, en vez de tanto trabajo neurótico que depreda el medio ambiente.

d) Porque en la dulce indolencia, cuando la mente divaga, es cuando surgen las grandes ideas, científicas o artísticas.

Con estos y otros argumentos, cuando nos hayamos convencido plenamente de que no necesitamos hacer nada, eliminaremos nuestra «fobia a la inactividad» y obtendremos grandes beneficios. Para empezar, escogeremos lo que deseamos hacer en cada momento de nuestra vida sin compulsiones para taponar el malestar neurótico. Luego trabajaremos a un ritmo mucho más grato, como los monjes budistas, que hacen pocas cosas pero las hacen dulcemente. Y, por último, seremos más creativos, ya que las buenas ideas sólo surgen en estados de paz mental.

Lo bueno es lo natural

Desde joven me ha interesado la antropología. Es una disciplina fascinante que intenta aclarar por qué los seres humanos vivimos como lo hacemos y a qué son debidas nuestras diferencias morales. ¿Por qué somos tan defensores de la monogamia? ¿Por qué vivimos en familias de padre y madre y no en grupos más extensos? ¿Existen maneras de vivir más armónicas? La antropología pone en entredicho nuestras costumbres al compararnos con otros pueblos y otros tiempos.

Leyendo a los grandes antropólogos me fijé en que casi todos se quedaban prendados de los grupos tribales «aculturados», hasta el punto de afirmar que en ellos habían descubierto la verdadera felicidad. Sucedía con los investigadores que estudiaban a los nativos de la Polinesia, a los que convivían con los esquimales del Polo Norte, con los indios americanos, con los pigmeos de África, con los aborígenes australianos... ¡Con todos! Y, no sé exactamente por qué, me fui aficionando a uno de estos pueblos: los yanomami del Amazonas. Quizá después de ver, siendo un chaval, el documental de TVE *Otros pueblos*, del periodista Luis Pancorbo (se puede ver en la web de TVE).

Pero lo relevante para el tema de la ociofobia es el dato de que los pueblos tribales no padecen ese temor. Los indios yanomamis trabajan sólo una hora al día. Se levantan temprano y salen a buscar alimento —cazando y recolectando— antes de que el sol apriete. Y en ese tiempo obtienen todo lo que necesitan. ¿Qué hacen el resto del día? Tareas muy importantes: visitar a otras tribus, charlar, educar a los niños con amor, jugar y, sobre todo, hacer cosas artesanales. Por ejemplo, un arco de madera que pulen con maestría, o fijar con esmero el alero de sus grandes chozas comunales; se trata de un bricolaje ancestral que les llena de armónica alegría.

Para muchos historiadores, antropólogos, economistas y psicólogos el estado natural del ser humano es trabajar muy poco. El *Homo sapiens* es como un león: caza una vez a la semana, se atiborra de carne y se pasa el resto del tiempo retozando al sol, imperial y feliz. Seamos serios: nuestro ritmo nunca ha sido el de la frenética hormiga.

Si cobramos conciencia de ello, nos daremos cuenta de que lo natural es pasear mucho más, contemplar la naturaleza, divagar, conversar... Todos los días y de forma constante. ¿Dónde queda la absurda necesidad de estar siempre ocupados? En el cubo de la basura de las creencias irracionales.

Para abonar esta idea me parece interesante mencionar al británico Stuart Mill, que fue uno de los primeros grandes economistas. Hacia 1850, en el inicio de la locura fabril, se preguntaba: «¿Hasta dónde llegará la sociedad en su progreso industrial? Cuando cese el progreso, ¿en qué condiciones esperamos que deje a la humanidad?».

Como veremos con más detalle, nos han vendido la idea de que el progreso material es la panacea de la felicidad y que por eso hay que estar siempre ocupado. Pero tan sólo doscientos años después del inicio de la era industrial nos damos cuenta de que nos hemos equivocado. Ahora le podríamos responder a Stuart Mill: «El progreso industrial conduce a la destrucción del planeta por más vías de las que nunca pudiste imaginar: la erosión de la capa de ozono; el desgaste de mares y suelos; el desarrollo armamentístico...».

La ecología nos pide a gritos que dejemos de producir tantos bienes, de explotar el planeta, de contaminar el aire... Es decir, nos exhorta a que pasemos mucho más tiempo sosegados sin hacer nada. ¿Dónde queda pues la pretendida virtud del esfuerzo desmedido? En el vertedero de las grandes estupideces.

Sabiduría y belleza versus frenesí histérico

Uno de los personajes que más admiro es el británico Bertrand Russell, genial matemático, lógico, filósofo y escritor al que le concedieron el Premio Nobel. A principios del siglo xx fue un activo defensor del sufragio femenino, propuso leyes a favor del divorcio y la educación sexual, en una época en que eso era pecado mortal. En la Universidad de Cambridge, una estatua le recuerda como uno de los grandes profesores de esa maravillosa institución.

Russell escribió un libro titulado *Elogio de la ociosidad* donde explica que el capitalismo nos ha convertido en esclavos. Efectivamente, la Revolución industrial trajo con sus sucias fábricas una moral del trabajo perversa. Pero antes no era así. Los artesanos y los agricultores de la Antigüedad y el Medioevo disponían de ingentes cantidades de tiempo libre. Por ejemplo, en el antiguo Egipto la religión prohibía trabajar una quinta parte de los días del año. En la Grecia clásica las vacaciones de verano duraban más de sesenta días. Y en la Europa medieval, con el antiguo calendario romano, había ciento ocho días en los que nadie trabajaba por cuestiones religiosas. ¡Ni siquiera los inquisidores!

Pero la Revolución industrial lo cambió todo. Los dueños de las empresas impusieron otra mentalidad. En 1820, uno de los filósofos industriales a sueldo de los nuevos amos, llamado John Foster, decía escandalizado: «¡Después del trabajo, a los agricultores les quedan demasiadas horas libres! Los vemos a menudo, durante varias horas seguidas, sentados en un banco o tumbados a la orilla del río abandonados a un completo letargo». John Foster fue un pionero de la ociofobia.

En la misma línea, el famoso ensayista del siglo xix Thomas Carlyle escribió: «El hombre ha sido creado para trabajar, no para especular, sentir o soñar. Cada momento de ocio es una traición». Esa absurda idea de que hay que estar trabajando o de lo contrario se pierde el tiempo fue calando en nosotros hasta convertirse en nuestra segunda piel mental.

En la época victoriana se publicaron muchos manuales de autoayuda que incitaban a la gente a creer que el trabajo era la panacea de la felicidad. *El ahorro* (1875), *El deber* (1880) o el demencial *Early Rising* («Levantarse temprano») (1830) tenían como objetivo convencer a la gente de que las jornadas de catorce horas en la fábrica eran lo racional. Veamos unos versos que la histérica pensadora Hannah More vomitó justamente en *Early Rising*:

> *Nunca más, pereza, muda asesina,*
> *mantendrás mi razón aprisionada*
> *ni pasaré contigo más horas*
> *a manos del vil sueño atrapada*

El prestigioso metodista John Wesley se levantaba todos los días a las cuatro de la mañana y escribió el sermón *Obligación y ventajas de levantarse temprano* (1786), que no tiene desperdicio: «Al pasar tanto tiempo entre las tibias sábanas, la carne se recuece, como si dijéramos, y se vuelve blanda y floja. Los nervios, mientras tanto, quedan absolutamente trastornados». Wesley fue sin duda otro paladín de la neurosis.

Frente a tanta locura industrial, yo escojo fijarme más en Jesucristo, que se retiró cuarenta días al desierto para conectar con Dios. ¡Un buen tiempo sabático! (Por cierto, Jesucristo no tenía oficio conocido.) O en Buda, que estuvo varios años sentado bajo un árbol meditando.

En Oriente y en Occidente siempre se ha apreciado a los hombres santos que se dedican a no hacer nada. Los *sadhus* son monjes errantes de la India que viven de la caridad (y nunca rechazan un porro de los jóvenes turistas europeos). Los eremitas cristianos se pierden en bosques o desiertos para practicar la calma total. El silencio o la contemplación son prácticas espirituales presentes en todas las tradiciones religiosas. En otras palabras, no hacer nada —ni siquiera hablar— es un ejercicio que eleva el espíritu, que pule nuestra espiritualidad.

El escritor estadounidense Ernest Hemingway escribía tan sólo una hora al día. Decía que era su clave para producir textos sublimes. De esa forma, limitando el trabajo, conseguía sentir siempre pasión por escribir. Y es que trabajar poco destila lo mejor de nosotros, estimula el arte y las actividades verdaderamente elevadas.

VISUALIZARSE INACTIVO

Para liberarnos de la ociofobia recomiendo la «visualización de la inactividad placentera». Consiste en imaginarse sin hacer nada y muy feliz. Verse inactivo durante largos períodos de tiempo, quizá durante toda la vida.

Yo me visualizo como el viajero relajado que va con su mochila por el mundo: observando, divagando mentalmente, escribiendo y pintando en su libro de viajes. Un buen viajero puede estar en el lugar más inhóspito o aburrido y pasárselo en grande porque es capaz de apreciar lo hermoso de cada sitio. Cada rincón alberga cosas bellas, experiencias interesantes que relatar en una de esas libretas Moleskine de principios del siglo xx.

En la «visualización de la inactividad placentera» soy capaz de imaginarme como uno de esos viajeros/poetas en mi barrio, en mi día a día. Como tal, vivo dejándome llevar, sosegado, contemplando lo que me rodea para transmutarlo en poesía.

Me imagino como el vagabundo que recoge un periódico abandonado y lee una crónica bien escrita y la aprecia como el tesoro que es. Esos placeres son inefables, no tienen precio y yo accedo a ellos gracias a mi estado mental, que fluye con el presente, sin obligaciones, en paz.

Y me imagino capaz de meditar u orar durante días enteros, meses o años. Y apaciguo mi mente como hacen los monjes en los monasterios. Conecto con Dios o con la naturaleza. No necesito producir nada y una gran abundancia de belleza acude a mí.

Soy como el pintor de escenas cotidianas que encuentra sublime cualquier estampa que le sale al paso. Como Edward Hopper en su cuadro *Nighthawks*: cuatro personas sentadas en una cafetería por la noche. Se detiene el tiempo y comprendemos que, de alguna forma, somos eternos.

Entonces seré como aquel que describía el poeta John Keats en este texto de 1830:

> Un hombre tendría una vida muy agradable de esta manera: dejad que un determinado día lea cierta página de auténtica poesía o de prosa destilada y dejad que pasee con ella, que medite sobre ella, que vea su verdadero sentido, que profetice y sueñe con ella... ¡Qué feliz viaje de la concepción! ¡Qué deliciosa diligente indolencia!
>
> Es más noble estar sentado como Júpiter que volar como Mercurio; no vayamos a toda prisa por todas partes recolectando cual abeja, zumbando con impaciencia por doquier, conociéndolo todo de antemano; al contrario, dejemos que nuestros pétalos se abran como los de una flor y seamos pasivos y receptivos.

Todos podemos convertirnos en seres plenamente libres y sosegados. Personas que escogen lo que desean hacer y producen belleza allá por donde van. Si lo hacemos, nos convertiremos en héroes como Mingliaotsé, un monje errante taoísta del siglo XVII que en uno de sus poemas dijo:

> *Camino por la arenosa orilla,*
> *donde hay nubes doradas,*
> *agua de cristal;*
> *ladran sorprendidos los mastines de las hadas...*
> *Yo entro y me pierdo en medio del peral.*

Y para terminar, uno de mis poemas favoritos, de Miguel Hernández, otro paladín de la racionalidad:

SOLEDAD

> *En esta siesta de otoño,*
> *bajo este olmo colosal,*
> *que ya sus redondas hojas*
> *al viento ha comenzado a echar,*
> *te me das, tú, plenamente,*
> *dulce y sola Soledad.*
>
> *Solamente un solo pájaro,*
> *el mismo de todas las*
> *siestas, teclea en el olmo,*
> *su trinado musical,*
> *veloz, como si tuviera*
> *mucha prisa en acabar.*
>
> *¡Cuál te amo!*

¡Cuál te agradezco
este venírteme a dar
en esta siesta de otoño,
bajo este olmo colosal,
tan dulce, tan plenamente
y tan sola Soledad!

En este capítulo hemos aprendido que:

- El temor a no hacer nada nos impide relajarnos por completo y escoger libremente lo que deseamos hacer; también nos acelera y esclaviza.
- La ociofobia es la principal causa de las adicciones.
- El estado natural del ser humano no es el trabajo, sino el ocio. Todos podemos ser felices sin hacer absolutamente nada.
- El planeta necesita un poco de inactividad, en vez de tanto trabajo neurótico que depreda el medio ambiente.
- En la dulce indolencia es cuando surgen las grandes ideas, científicas o artísticas.

14

Estados de ánimo más estables

En una aldea china vivía un labrador con su hijo. Eran humildes y, aparte de la tierra, su única posesión era un caballo. Un mal día, el animal se escapó y dejó al hombre sin fuerza motriz para arar la tierra. Cuando sus vecinos acudieron a consolarle, él les agradeció la visita y preguntó:

—¿Cómo podéis saber que ha sido una desgracia?

Todos se extrañaron de ese comentario y, al marcharse, comentaban en voz baja:

—No quiere aceptar la realidad. Dejemos que piense lo que quiera, con tal de que no se entristezca.

Una semana más tarde, el caballo retornó al establo, pero no venía solo: traía una hermosa yegua como compañía.

Al enterarse, todos entendieron la reacción del labrador. Fueron a visitarle y le felicitaron por su suerte:

—Antes tenías un solo caballo. Ahora tienes dos. ¡Enhorabuena!

—Muchas gracias por vuestras palabras —respondió el labrador—. Pero ¿cómo podéis saber que es una bendición?

Esta vez pensaron que se había vuelto loco:

—¿Será posible que no entienda que Dios le ha enviado un regalo?

Poco después, el hijo del labrador decidió domesticar a la yegua, pero el animal saltó de una manera inesperada y golpeó al muchacho rompiéndole una pierna.

Los vecinos fueron de nuevo a ver al labrador. El alcalde, solemne, declaró que todos estaban muy tristes por lo sucedido.

El hombre agradeció el cariño, pero preguntó:

—¿Cómo podéis saber si lo ocurrido ha sido una desgracia?

Todos se quedaron estupefactos, pues nadie duda de que el accidente de un hijo es una tragedia. Al salir de la casa del labrador, se decían entre sí:

—¡Este hombre está fatal! Su único hijo se puede quedar cojo y aún duda de que lo ocurrido sea una adversidad.

Al cabo de unas semanas, Japón declaró la guerra a China y el ejército reclutó a todos los jóvenes para ir al frente. A todos menos al hijo del labrador, que tenía la pierna rota. Ninguno de los muchachos de la zona retornó vivo.

Pasó el tiempo. Los dos animales tuvieron crías que rindieron buen dinero y, lo que es mejor, el hijo se recuperó. El labrador pasaba frecuentemente a visitar a sus vecinos para consolarlos y ayudarlos, ya que ellos siempre se habían mostrado solidarios.

Siempre que alguno se quejaba, el labrador decía:

—¿Cómo sabes si esto es una desgracia?

Y si alguien se alegraba mucho, él preguntaba:

—¿Cómo sabes si esto es una bendición?

Y los hombres de aquella aldea entendieron que, más allá de las apariencias, la vida tiene muchos significados.

En una ocasión tuve una paciente de catorce años, Carol, que era un encanto: dulce, inteligente y creativa. Aunque joven, era una excelente violinista. Pero unos oscuros brotes de depresión hacían palidecer su vida. La misma enfermedad a la que mi admirado Winston Churchill llamaba «*my black dog*» (mi perro negro).

A Carol la tristeza le solía venir sin motivo. Simplemente, aparecía y la atenazaba durante una tarde o dos, hasta que se marchaba por sí sola. Cuando sí había algún motivo solía tratarse de una nimiedad, como que se había aburrido en un museo.

—¿Por qué me pasa esto? —me preguntó en la primera sesión, mirándome con sus bellísimos ojos negros.

Su madre imaginaba que podía deberse a su reciente separación o quizá a un déficit neuroquímico, pero erraba en ambos casos.

En este capítulo vamos a estudiar cómo se producen las depresiones o ansiedades espontáneas y cómo podemos desterrarlas para alcanzar un estado de ánimo estable, que nos permitirá estar siempre alegres y llenos de energía.

Desde un punto de vista psicológico, las depresiones espontáneas funcionan igual que la ansiedad o cualquier enfermedad psicosomática: fibromialgia, cansancio crónico, dolores de estómago o de cabeza psicológicos... Son lo que yo llamo «malestares pseudofísicos». Da la impresión de que están causados por un problema médico —un virus, un problema neuronal, etc.—, pero en realidad su origen es mental.

¿POR QUÉ ME DEPRIMO?

La primera sesión de psicoterapia con Carol consistió en explicarle con todo detalle por qué tenía aquellos bajones. Entenderlo era fundamental para su cura.

—Todo esto te pasa por una cuestión bastante tonta: tienes «depres» por miedo a tener «depres» —le dije.

—¿Miedo a las depres? ¡No lo creo! Mira, yo estoy tan contenta por la mañana y, por la tarde, de repente me viene el bajón —replicó.

—Carol, aunque no lo percibas directamente, sí tienes miedo. Cuando te viene la sensación de tristeza, durante los primeros segundos tu mente te dice: «Oh, no, ahí está otra vez. ¡Tengo que apartarla!». Entonces, los esfuerzos que llevas a cabo para sacártela en esos primeros segundos, te meten más en ella —expliqué.

—¡Es que esos bajones son realmente un palo! —dijo con pesadumbre.

—¿Sabes? Vamos a aprender a no tener esas depresiones eliminando el miedo inicial: aceptando mentalmente que podrías tenerlas siempre y ser muy feliz. Con ese ejercicio mental desaparecerán. Confía en mí —concluí.

Otro de mis pacientes, Miguel, era un tipo de cuarenta años que tenía una pequeña cadena de verdulerías de mucho éxito. La vida le iba muy bien; tenía pareja y sentía una gran pasión por la moto de montaña. Pero le azotaba un problema emocional. Tenía irritabilidad y ansiedad y no sabía por qué.

—La mayor parte de los días me levanto acelerado y, a

medida que transcurre la jornada, me voy poniendo más y más ansioso, hasta que por la noche ya no puedo más. He ido al neurólogo pero me dice que no tengo ningún trastorno o déficit vitamínico —me explicó.

—Pero ¿hay algún día en que te veas libre de eso? —pregunté.

—Alguno. Y tampoco entiendo por qué. Por eso el médico cree que se trata de algo mental —respondió.

Estuve viendo a Miguel unos tres meses y, durante las primeras sesiones, estaba tan ansioso que le temblaba la voz. Tenía como una especie de bicho interior que le aceleraba y le ponía en tensión.

Y es que uno de los problemas emocionales más comunes es ese tipo de ansiedad o irritabilidad sin motivo. La persona se levanta por la mañana —o de la siesta— con esa sensación desagradable de que todo le molesta, de hiperexcitabilidad y nervios flotantes. ¡Y lo peor es que no hay una causa que lo provoque! Es como si el cuerpo hubiese activado la ansiedad mediante la liberación de alguna sustancia en el cerebro.

La ansiedad de Miguel y las «depres» de Carol eran dos manifestaciones del mismo problema y la solución pasaba por realizar el ejercicio que explicaré a continuación.

EL CÍRCULO VICIOSO DEL TEMOR

Todos los síntomas psicosomáticos son producidos por el «círculo vicioso del temor»: experimentamos una sensación no placentera y nos quedamos pegados a ella, la atraemos nosotros mismos con nuestra atención; incluso la amplificamos

hasta convertirla en un problema. Si no le diésemos importancia desde el inicio, se disolvería en unos minutos como un
ligero picor en el brazo.

La ruptura de este círculo pasa por no rechazar la sensación. Para conseguirlo, hemos de convencernos de una premisa: «Podría ser muy feliz con la depresión o la ansiedad».
Es lo que yo llamo «la plena aceptación del síntoma».

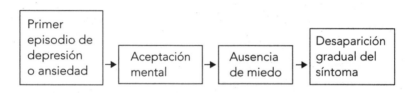

Existen muchas vías para conseguir la aceptación del síntoma. Vamos a ver aquí algunos argumentos que nos ayudan.
El objetivo es no terribilizar el problema, llegar a verlo como
una adversidad menor, incluso llegar a apreciar sus ventajas.

—Pero ¿las depresiones pueden tener algo bueno? —me
preguntó Carol.

—Te aseguro que sí, y cuando las empieces a gozar, curio-
samente, dejarás de experimentarlas —respondí.

La vieja idea de la virtud

Laura le preguntó en una ocasión a su hija Alba, de once años:

—¿Cuál es la parte más importante del cuerpo?

—Los oídos, mamá —respondió la pequeña.

Muchas personas son sordas y se las arreglan perfectamente. Pero piensa y lo adivinarás —le dijo en tono cariñoso.

Durante las siguientes semanas la niña estuvo reflexionando y creyó encontrar una respuesta genial.

—¡Ya lo tengo, mamá: la vista es el sentido fundamental! Por eso la parte más importante del cuerpo son los ojos.

—Estás aprendiendo rápidamente, pero la respuesta no es correcta. Fíjate que hay muchos ciegos que son felices, pese a no poder ver —indicó la madre.

Al cabo de unos meses sucedió que el abuelo de la niña murió. El día del entierro, todos estaban muy apenados y el padre de Alba lloró. Eso impresionó a la niña. Justo después del entierro, la madre la apartó y le preguntó:

—¿No sabes todavía cuál es la parte más importante del cuerpo?

—No, mamá —respondió la niña.

—Hoy es el mejor día para contártelo. Se trata del hombro, hija mía.

—¿Porque sostiene la cabeza? —apuntó Alba.

—No. Porque en él apoyan la cabeza tus seres queridos cuando lloran.

Hace dos milenios, el filósofo griego Aristóteles predicaba que el camino hacia la felicidad estaba en la virtud. Como psicólogo, puedo certificar que se trata de una gran verdad, maravillosa y alucinante. Aunque no la única, la virtud es una vía muy útil para vencer la ansiedad y la depresión sin causa (y cualquier malestar psicógeno). Vamos a verlo.

Cuando las personas experimentamos tristeza o ansiedad sin motivo, una parte de nuestra mente se está diciendo: «¡Si sigo así, mi vida va a ser un maldito desastre!».

Y es cierto que esos síntomas pueden impedirnos tener «una vida normal». En una cena romántica, los nervios o el bajón no nos dejarán ser dulces y divertidos como de costumbre. O si estamos en un concierto, no tendremos fuerza para bailar y gozar como el resto de la gente.

No es extraño entonces que se nos pase por la cabeza la idea de que esas sensaciones nos han fastidiado la vida. Y, nos demos cuenta o no, nos preguntamos: «¿Qué puedo hacer para sacarme esto de encima? ¡Si no lo consigo, estoy acabado!». Acto seguido buscamos una salida, por medio de la distracción, la lucha mental, el alcohol o los ansiolíticos.

Yo creo que Aristóteles, en la antigua Atenas, pudo experimentar esas depresiones o ansiedades sin motivo y la búsqueda de la virtud le liberó de ellas. Seguramente, en los momentos de dificultad aprendió a decirse: «Si estuviese obligado a tener este estado de ánimo durante toda la vida, si no pudiese eliminarlo de ninguna forma, me dedicaría a los demás. ¡Sería feliz con un gran propósito vital!».

Si yo tuviese que ser depresivo para siempre —ya lo he pensado— me iría a vivir con mi amigo Jaume Sanllorente a Bombay, donde dirige un orfanato en una de las ciudades más injustas del mundo. Le pediría una habitación en la que trabajar para buscar fondos para su causa, que ya sería la mía.

Yo estaría mal, con el ánimo por los suelos, pero dedicaría unas horas al día al proyecto. El resto del tiempo intentaría pasarlo de la forma más tranquila posible. Es probable que probase a calmarme con ansiolíticos hasta el día siguiente. Pero estoy seguro de que todas las mañanas, cuando abriese la ventana de mi habitación y viese a los niños jugando en el patio, sus hermosas sonrisas serían mi alegría, mi gozoso sentido vital. Y eso me haría feliz.

El método cognitivo consiste en razonar que ninguna adversidad tiene suficiente entidad como para amargarnos: ni la muerte, ni la enfermedad, ni la soledad. Así es como piensa mi admirado Stephen Hawking, para el que «nada es terrible». Hawking sabe que mientras exista la posibilidad de hacer algo hermoso —en su caso, la investigación científica de alto nivel— podemos experimentar sentido vital y bienestar continuo:

De la misma forma, pese a estar depresivo, trabajando con chavales huérfanos en Bombay yo podría ser feliz. Y ¿por qué no? También en Barcelona. Escogería cualquier otro camino de virtud. De hecho, ¿por qué no todos? ¡Existen muchos!

Y es que ser amable, honesto, darse a los demás, ser elegante, producir belleza, cultivar la amistad, ser humilde... son grandes fuentes de goce. ¡Todas las virtudes son manantiales de felicidad y fortaleza!

Veamos a continuación algunas de las principales virtudes que podemos cultivar para conseguir fortaleza emocional.

SER HONESTO

Algunas personas tienen la neura de que la vida no es lo suficientemente interesante. Van de casa al trabajo y les parece que todo es aburrido. No se dan cuenta de que existe una fantástica oportunidad de diversión en la tarea de pulirse como persona. Sentirse bien por dentro está siempre a nuestro alcance.

Ser honesto consiste en decir la verdad a pesar de que ello nos pueda perjudicar. Consiste en conseguir que los demás puedan confiar en nosotros de forma profunda.

Ser muy honesto es enormemente bello. Pocas personas lo son. Consiste en renunciar a cualquier ventaja o comodidad si eso conlleva mentir u ocultar la verdad.

DARSE A LOS DEMÁS

La virtud de darse a los demás es una de las más hermosas, pero conviene entenderla bien. No se trata de entregar bienes materiales —que no sirven de mucho—, sino cariño, respeto y atención. Es decir, amistad.

Y es que la entrega más profunda está en la amistad. Se trata de considerar a las personas como la principal belleza del mundo e intentar conectar con su fuente de bondad y amor.

Recuerdo la primera vez que saboreé el concepto de amistad profunda. Cursaba sexto de primaria y, a mitad de curso, me sentaron junto a Alberto, un chaval que acababa de llegar a la ciudad. Durante los meses que siguieron se estableció entre nosotros un vínculo muy bonito. Era la primera vez que me sentía tan bien con un compañero: nos ayudábamos con los deberes, nos explicábamos los problemillas y, sobre todo, nos lo pasábamos genial juntos.

El caso es que un día, cercano ya el final del curso, me dijo:

—¿Sabes, Rafa? ¡Eres mi mejor amigo!

Por aquel entonces yo no tenía soltura con la expresión de las emociones y creo que no respondí. Sólo sonreí. Pero lo cierto es que yo sentía lo mismo. Sólo el hecho de que estuviera allí a mi lado, todos los días, me hacía ser más feliz.

La amistad profunda es una de las experiencias más hermosas, una conexión que nos llena dulcemente. Y podemos cultivarla a diario.

La pareja fusionada

Uno de los ámbitos de crecimiento personal más potentes es la vida en pareja porque conlleva el perfeccionamiento de un montón de virtudes. Y, como hemos visto, la virtud es un generador de sentido y bienestar, hasta el punto de proporcionarnos la fuerza necesaria para superar la depresión y la ansiedad.

Cuando tengamos cualquier mal provocado por la mente, siempre podemos pensar en lo siguiente: «De acuerdo, estoy triste sin remedio. Pero si esto fuera a ser para siempre, podría trabajar con especial intensidad mi relación, amar más y mejor a mi pareja. En ese sentido, la tristeza sería un acicate para mi amor conyugal: cuanta más depresión, más concentración en el amor a mi mujer».

¿Qué tipo de relación buscaríamos entonces? Lo que yo llamo la «pareja fusionada».

En una ocasión tuve una relación muy bonita. No entraré en detalles, pero el caso es que por diferentes circunstancias nos abrimos el uno al otro de forma muy intensa.

Estábamos viviendo en Londres, en un otoño de colores ocres, entre paseos en bicicleta y libros. Ella estaba inmersa en una investigación de antropología y yo, claro, en mi eterna acompañante, la psicología, pero compartíamos textos y descubrimientos. Pasábamos horas en nuestra cafetería favorita tendidos sobre unas sillas abatibles de jardín, con mantas para compensar la gélida brisa. En aquella época, cuando hacíamos el amor teníamos unas experiencias muy intensas. Realmente nos daba la sensación de que entrábamos el uno dentro del otro (¡y no tomábamos drogas!).

Tener una relación fusionada es tener en tu pareja al mejor amigo de tu vida. La admiras. Y notas que a ella le sucede lo mismo. Ella es la persona con la que estás más cómodo. Con ella podrías estar tirado en un sofá quince días sin hacer nada y sentirte completo. Y esto es posible conseguirlo tan sólo con que lo deseemos. Es cuestión de abrirse a la experiencia. El amor es una función de nuestra mente que podemos activar o no. No depende de las circunstancias, como a veces pensamos, sino de nosotros mismos.

Cualquier adversidad puede convertirse en una oportunidad de superación por vía del amor, de la cooperación. Y cuando estemos tristes sin motivo podemos cultivar la idea del amor de pareja. Nos diremos: «Estoy depre y quizá lo esté toda la vida, pero aprovecharé para amar más intensamente a mi pareja».

La curiosa curación neurótica

En una ocasión conocí a una joven italiana que vivía en Barcelona. Era especialmente guapa, aunque muy neurótica. Y su vida emocional era un torbellino. Me contó una historia que ejemplifica el poder sanador del amor o de la cooperación intensa.

—Desde los diecisiete años, siempre he estado fatal. Sólo he tenido una época completamente feliz en mi vida —me explicó.

—¿Cuándo fue? —pregunté.

—Cuando vivía en el barrio gótico con un novio inglés que tuve. Era un chico estupendo, pero más neurótico que yo. La mayor parte del tiempo estaba hundido. Pero yo le cuidaba y le amaba. Y así, ocupada en él, me olvidé de mí misma y fui feliz.

El ejemplo de Alcohólicos Anónimos

Siendo un joven psicólogo estudié a fondo el mundo de las adicciones. Analicé muchas formas de terapia y me quedé prendado de la de Alcohólicos Anónimos. Estos grupos, creados en la década de los treinta, basan su método en la entrega mutua.

En primer lugar, llevan a cabo reuniones semanales —o incluso diarias— para obtener la fuerza y la inspiración necesarias para abandonar la bebida. Además, cada miembro, una vez sobrio, se erige en tutor de un nuevo alcohólico y se compromete a estar a su disposición las veinticuatro horas: si éste necesita ayuda, acudirá a donde sea y a la hora que sea para apartarle de la tentación.

Hay grupos de Alcohólicos Anónimos en todos los rincones del mundo obrando milagros cada día. He conocido a muchos médicos que se han quedado asombrados por cómo se han recuperado alcohólicos con una carrera de treinta años de intoxicación diaria que los había destrozado por fuera y por dentro. Al cabo de un tiempo de practicar el método de Alcohólicos Anónimos, emergen convertidas en nuevas personas, mentalmente equilibradas y fuertes; e incluso físicamente mejoradas.

Y menciono a los grupos de Alcohólicos Anónimos en este capítulo sobre la depresión y la ansiedad porque ofrecen una increíble lección sobre la fuerza de la virtud. Darse a los demás es una fuerza tan poderosa que diluye cualquier malestar físico o mental, incluso el mono más salvaje.

Y es que cuando nos abrimos a la virtud como fuente de bienestar somos independientes de los placeres mundanos. Ya no nos importa no poder gozar de una película, del sexo o de una cena con amigos. Digamos que la virtud se convierte en nuestro placer favorito.

Las personas aquejadas de depresión o ansiedad se dicen: «¡Con esta depresión estoy perdido porque no puedo hacer nada!», o «¡Esta ansiedad me impide llevar una vida normal!». Y eso es lo que les asusta, que la invasión de esas emociones les limite tanto que su vida sea un castigo permanente. Pero con la virtud como búsqueda de placer —y hablo de un placer más elevado que ningún otro— ese problema desaparece. ¡Podremos ser muy felices gozando de nosotros mismos y nuestras maravillosas virtudes, que tanto sentido le dan a la vida!

Los miembros de Alcohólicos Anónimos hablan de un fenómeno que siempre me ha llamado la atención. Gracias a su trabajo para dejar el alcohol alcanzan lo que llaman «la cuarta dimensión de la existencia», que equivale a un nivel de bienestar y felicidad mucho mayor del que nunca imaginaron. Su nueva orientación espiritual les permite descubrir una nueva vida.

Todos podemos adquirir esa orientación hacia la virtud, la bondad y la belleza: más felicidad y paz de las que nunca imaginamos.

LA ANSIEDAD NO ES UNA DESVENTAJA

Como hemos visto, cuando estamos aquejados de ansiedad o depresión —o cualquier síntoma— pensamos que ese «desastre emocional» nos va impedir llevar una vida normal. Y si estamos en una cafetería y entran unos muchachos alegres, sosegados, llenos de energía vital, les miramos con envidia y tristeza: «¡Soy un enfermo! Todo el mundo tiene sus facultades en su sitio y puede disfrutar de la vida».

Pero ésa no es la forma racional de encarar el tema. Por el contrario, tenemos que decirnos: «Mi vida va a cambiar. A través de la virtud, estos síntomas me van a hacer descubrir la cuarta dimensión de la existencia, que es un lugar mucho mejor».

En este capítulo hemos aprendido que:

- La ansiedad, las depresiones, el cansancio crónico y demás malestares producidos por la mente se desvanecen cuando dejamos de tenerles miedo.
- Cada vez que pensemos que el síntoma nos ha fastidiado la vida y que no podremos ser felices hemos de pensar: «¡Mi vida va a ser mejor, sólo que de otra forma!».
- El placer de la virtud es superior a cualquier otro. Podemos ser muy felices aunque tengamos depresión o ansiedad si nos orientamos hacia la virtud.
- Algunas de las virtudes que nos ayudarán a perderle el miedo a la depresión o la ansiedad son el amor de pareja, la honestidad total y darse a los demás.

15

Nueva conflictología

Un religioso derviche y su discípulo se hallaban caminando por una tranquila carretera. A lo lejos, distinguieron una nube de polvo: un elegante carruaje tirado por cuatro caballos blancos venía a toda velocidad. A medida que se aproximaba, se dieron cuenta de que el vehículo no frenaba ni se apartaba del centro de la vía. En un minuto lo tuvieron encima, así que saltaron a una zanja. Cuando se levantaron, vieron cómo el carruaje se alejaba levantando más polvo, esta vez sobre sus ropas.

El discípulo pensó en lanzarles una maldición, pero antes de que pudiera hacerlo, el maestro se adelantó y dijo:

—¡Que vuestra vida os colme de felicidad!

El joven, sorprendido, preguntó:

—¿Por qué le deseáis felicidad a esa gentuza? ¡Por poco nos atropellan!

—¿Piensas de veras que si fuesen felices irían por ahí molestando a los demás? —respondió sereno el maestro.

Hace tiempo tuve un conflicto con uno de mis familiares más queridos. Fue importante para mí porque, aunque somos primos, desde niños Francesc y yo hemos sido como hermanos.

Nuestros maravillosos veranos en Lleida estarán siempre en mi memoria: aprendimos juntos a montar en bicicleta y tuvimos una cabaña secreta en el bosque; y, ya en la adolescencia, descubrimos las correrías nocturnas y los romances con las chicas...

El asunto es que mis abuelos nos legaron un piso a todos los nietos. Se trataba de su vivienda habitual, que, por una razón burocrática, habían puesto a nombre de Francesc. Cuando fallecieron, todos estuvimos de acuerdo en venderlo excepto Francesc, que se opuso. Y tenía la potestad de hacerlo. Aunque el testamento decía que los abuelos nos dejaban la propiedad a todos, legalmente el piso no nos pertenecía pues estaba a nombre de mi primo.

Cegado por la avaricia y sirviéndose de algunas excusas baratas, Francesc asumía que aquella propiedad era suya. Incluso sus padres —mis tíos— estaban avergonzados por su maniobra. Todos los nietos reaccionamos con rabia e indignación ante el «robo» legal de nuestro primo, pero él se mostraba más que dispuesto a romper relaciones. Llegó a decir:

—Aquí todo el mundo va a lo suyo y yo no voy a ser menos. Mi verdadera familia son mi mujer y mi hijo; nadie más.

En ese momento se habló de llevar a Francesc a los tribunales y retirarle la palabra. ¿Cómo podíamos seguir relacionándonos con semejante egoísta, capaz de robar a sus seres queridos?

En un primer momento yo me sumé a la propuesta guerrera. Incluso puse sobre la mesa el nombre de un abogado que conocía. Pero, gracias un golpe de racionalidad, pude virar hacia una perspectiva totalmente diferente. Los principios cognitivos de «aceptación incondicional de los demás» y «el poder de la renuncia» me hicieron ver una salida no-violenta que, además de darnos más probabilidades de éxito, nos iba a hacer más fuertes a todos.

La solución pasaba por lo siguiente. Le íbamos a escribir todos a Francesc una carta mensual en la que le decíamos más o menos lo siguiente:

> Querido Francesc:
>
> Eres una persona maravillosa. Tu interior está lleno de belleza. Te amo.
>
> Hoy te escribo con relación al tema de la herencia de los abuelos. ¿No sería mejor repartirla entre todos los nietos como deseaban ellos? A todos a veces nos entra la locura y una parte oscura de nuestra mente nos pide cometer una injusticia. Lo sé porque yo soy el primero a quien le ha sucedido. Y te confieso que robé. Pero, tarde o temprano, descubrimos que la honestidad radical nos hace más felices y da mejores resultados.
>
> Pero ahora viene la parte más importante de esta carta: créeme, Francesc, que si no puedes ver este asunto como yo, te juro que te querré igual porque tu amor es mucho más importante que ese dinero. Y estaré siempre a tu lado. Incluso más.

¡Cómo se quedaron mis hermanos y primos cuando les mostré esta carta! Se pensaron que me había estado drogando o que había ingresado en los Hare Krishna. O las dos cosas a la vez.

Pero lo interesante es lo que sucedió después. Yo fui el

primero en enviar la epístola racional y, al cabo de un mes, mi
tío, el padre de Francesc, me llamó por teléfono.

—Hola, Rafael. ¡No sabes lo que ha sucedido! Hace un
par de días, Francesc me citó en el despacho del notario. No
quiso decirme para qué. Cuando llegué, estaba todo preparado: el piso de los abuelos está ahora a mi nombre. Me ha en-
cargado que lo venda al mejor precio y que reparta el dinero
entre los nietos. Pero lo más fuerte es que él renuncia a todo.
No quiere su parte.

—¿En serio? —dije sorprendido—. Pero no podemos
admitirlo. Tenemos que darle su parte.

—Claro, así lo haremos. Se lo meteré en el bolsillo aunque
sea a hostias. Francesc es un buen chaval, tú ya lo conoces,
pero a veces se le va la olla. ¿Sabes? Después de estar en el
notario fuimos a tomar una cerveza y me enseñó la carta que
le habías enviado. Me habló de lo mucho que te quiere y el
muy tonto se me puso a llorar.

Increíble, ¿verdad? Con la maniobra de la carta amorosa,
en unas pocas semanas Francesc recuperó la cordura y todos
aprendimos una gran lección de conflictología.

NUEVA Y VIEJA CONFLICTOLOGÍA

Existen cientos, quizá miles, de manuales sobre conflictología. Se trata de estudios sobre la resolución de conflictos: entre personas, entre organizaciones o entre naciones.

Yo he leído algunos pero no me han aportado gran cosa.
Casi todos están basados en una visión del mundo equivocada o, al menos, poco funcional. Tienen buenas intenciones,

pero se centran en lo que llaman un enfoque *win-win*, «ganar-ganar». Suena bien eso de «yo gano-tú ganas», y sin duda es mejor que «yo gano-tú pierdes», pero el enfoque que vamos a proponer aquí es netamente superior: mucho mejor para nuestra salud mental y mucho más eficaz. Se trata del enfoque: *no win: love*, «olvídate de ganar: ama».

Este nuevo enfoque —que en realidad es tan antiguo como las religiones— requiere que renunciemos a las ganancias materiales en favor del amor y que recojamos la cosecha a medio y largo plazo. Puedo asegurar que funciona en aproximadamente un 80 % de los casos y, además, otorga salud mental.

El enfoque *win-win* propone que, ante cualquier conflicto de intereses, pensemos con amplitud de miras y propongamos soluciones en las que ganen ambas partes. En el caso del asunto de la herencia, hubiese consistido en diseñar una propuesta con más elementos sobre la mesa para que mi primo cediese y, al mismo tiempo, sintiese que ganaba. Por ejemplo, proponiéndole vender el piso e invertir el dinero en un fondo de inversión común para ganar más dinero a largo plazo.

Las soluciones *win-win* no están mal, porque son más o menos resolutivas y no se centran en la venganza y la justicia. Pero siguen teniendo un problema: que alimentan la debilidad personal al darle demasiada importancia a lo material. Recordemos que los seres humanos nos hacemos débiles con la necesititis y fuertes con la renuncia.

Y, una vez más, puedo asegurar que el método *no win: love* es, paradójicamente, más provechoso que el *win-win*. Y ya no hablemos del método justiciero, el que prevalece en nuestra sociedad. Este enfoque, que consiste en exigir con fuerza los derechos de uno, sólo tiene un 20 % de eficacia y nos vuelve a todos agresivos y neuróticos.

Prohibido exigir

El método *no win: love* es el modelo de la «sugerencia», en contraposición al modelo de la «exigencia», y consiste en:

- No terribilizar jamás. No decirnos a nosotros mismos que no podemos soportar que el otro haga cosas deshonestas. ¡Claro que podemos! ¡Necesitamos muy poco para ser felices, y menos aún que todos nos traten bien todo el tiempo!
- Practicar la «aceptación incondicional de los demás». Es decir, amar a todo el mundo con sus defectos porque todos somos imperfectos y, al mismo tiempo, maravillosos.
- No activar la exigencia de unos y otros en una espiral de superexigencias continuas. Cuando nos exigen, nos entran deseos de exigir al otro en contraposición: «Tú me exiges que sea justo en esto y lo seré el día que tú lo seas en lo otro». En cambio, cuando nos sugieren con amor, nos abrimos al cambio.
- Activar la buena pedagogía y el divertido arte de la persuasión.
- Resolver los conflictos sin coste emocional y sin emplear la fuerza. Al contrario, es mejor sentir que disfrutamos del proceso, aprendemos y crecemos.

Revisemos un momento el estilo tradicional de resolución de conflictos, que no es el enfoque *win-win* que describíamos antes. Se trata del enfoque justiciero o «método John Wayne» y consiste básicamente en exigir al otro que se comporte de una forma decente. O cambia de actitud o le obligaremos a hacerlo. Y si no podemos obligarle, tranquilo, que ya nos vengaremos. Y, por último, si la venganza no nos deja satisfechos, le abandonaremos. El motor del enfoque justiciero es nuestro «no-lo-puedo-soportar»; la gasolina es el endiosamiento del concepto de justicia, y el lubricante, el miedo a la renuncia.

Por el contrario, el enfoque de la sugerencia (*no win: love*) o «método Dalái Lama» consiste en intentar convencer con amor, activando previamente nuestra renuncia. Este enfoque es mentalmente empoderante porque asume que no necesitamos que el otro cambie para ser felices, no necesitamos que nos trate bien o con justicia. Si lo hace, habremos ganado un amigo más justo; si no lo hace, le querremos igual. No hay enfado o decepción.

En un principio, mis primos y hermanos no entendían el método de la sugerencia y me preguntaron:

—Pero si Francesc pasa de esas notas y no reparte el piso, ¿qué haremos?

—Quererle igualmente, porque no necesitamos que él sea de otra forma —respondí.

—¿Y ya está? ¡Eso le encantará! ¡Es como darle la razón! —gritó mi hermano Gonzalo rojo de rabia.

—No, ¡qué va! No le daremos la razón porque, hasta que no cambie de opinión, le iremos enviando esas notas: indefinidamente —apunté.

—Pero si le insistimos tanto con las notitas quizá nos reti-re la palabra —apuntó Belén, la hermana de Francesc, preo-cupada por si la relación se estropeaba aún más.

—Eso ya es cosa suya, pero nosotros le amaremos igual. Si nos rechaza por nuestra pedagogía amorosa será una lás-tima, pero nosotros siempre le abriremos nuestros corazones —concluí.

La técnica del Dalái Lama

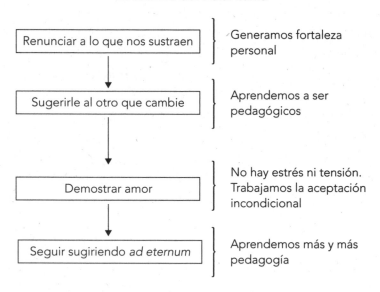

GANDHI Y LA NO-VIOLENCIA

Hace bastantes años descubrí el pensamiento de Mahatma Gandhi. Leí su autobiografía y me quedé fascinado por ese pequeño hombre que, pese a ser un prestigioso abogado, ves-tía con un taparrabos y una sábana blanca, las ropas de los pobres en la India.

Gandhi llamó a su filosofía la «no-violencia» y lo que proponía, muy resumidamente, era responder a la injusticia con amabilidad; al maltrato, con cariño. Al mismo tiempo, llevar a cabo una intensa labor pedagógica para enseñarle al otro la superioridad de la cooperación por encima del egoísmo. Con esa estrategia, Gandhi logró algo asombroso: la independencia de la India frente a una violenta Gran Bretaña sin disparar un solo tiro. Pero lo más importante no fue eso, sino que logró pacificarse a sí mismo y alcanzar un nivel de plenitud superior.

Según Gandhi, la no-violencia empieza por comprender que las personas llevamos a cabo acciones deshonestas sólo por confusión o locura. En ese sentido, cuando somos egoístas nos parecemos a un niño de cuatro años que se comporta de forma egocéntrica. Tenemos que madurar.

Recuerdo que en una ocasión le pregunté a una paciente que tenía un conflicto con su hermana:

—¿Qué le dirías a un niño que no quiere repartir el pastel con sus invitados a la fiesta?

—Eso es fácil. Que si se come todo el pastel en un rincón, no gozará tanto como compartiéndolo con sus amigos. Y también que si él reparte ahora, sus amigos le invitarán a sus fiestas después, con más pasteles y más diversión —me dijo riendo.

—Pues tu hermana está siendo una niña de cuatro años que todavía no conoce las ventajas de la cooperación. Pero podemos mostrárselas. Si lo comprende, seguro que cambia —añadí.

Todos somos unos trastos

Érase un escorpión detenido frente al cauce de un río. Estaba ansioso por cruzarlo pues se dirigía al baile anual de los escorpiones. Un rayo de esperanza iluminó su mente cuando vio una rana flotando sobre las aguas, encima de una gran hoja de roble.

—Amiga —dijo—, ¿puedes ayudarme a cruzar? Si me llevas en tu espalda, será sólo cuestión de un par de saltos.

—¡¿Qué?! ¡Todavía no me he vuelto loca! Tú eres un escorpión. Si te subo, me picarás con tu mortal aguijón.

—¡Claro que no! ¿Cómo se te ocurre? Si lo hiciese, morirías y nos hundiríamos los dos.

La rana, después de pensarlo un poco, accedió. El escorpión parecía un tío majo. Así que dejó que se posase sobre su resbaladiza espalda y empezaron a cruzar el río.

Cuando llegaron a la mitad del trayecto, en una zona turbulenta, el escorpión se puso todo rojo, alzó su aguijón y después se lo clavó a la rana, bien hondo.

La rana sintió cómo el veneno penetraba por sus venas y se le iban las fuerzas. Sólo le quedaba un suspiro y quiso preguntar:

—¿Por qué lo has hecho? ¡Nos vamos a hundir los dos!

El escorpión, nervioso ante su inminente muerte, respondió:

—¡Maldición! ¡Porque ésa es mi naturaleza!

La filosofía de la no-violencia implica reconocer que todos cometemos fallos porque ¡ésa es nuestra naturaleza! De hecho, si fuésemos perfectos, la vida no tendría gracia; sería extraña y aburrida.

En efecto, nuestra vida está salpicada de errores: egoísmo, salidas de tono, celos, agresividad absurda... Incluso intentando ser siempre bondadosos, cometemos injerencias indeseables. En ese sentido, el genial Oscar Wilde dijo: «Con las mejores intenciones se cometen los peores desastres».

Pero nada de todo eso es crucial para la felicidad de nadie. En realidad, son niñerías. En el ejercicio de mejorarse, descubrimos nuevas maneras de vivir, más auténticas, hermosas y emocionantes. El error es una oportunidad maravillosa de crecimiento continuo.

Cuando nos ponemos exigentes, creemos absurdamente que los fallos del otro son intolerables mientras los nuestros sólo son minucias. Somos muy transigentes con nosotros mismos e implacables con los demás. Con frecuencia nos decimos: «¡Yo jamás haría eso!», para acentuar la importancia del pecado del otro. Y no caemos en que estamos siendo injustos: es normal que cada uno tenga fallos distintos; lo raro sería lo contrario.

Es cierto que mi primo Francesc era capaz de timar a toda su familia, y eso es algo que yo no haría nunca, pero una revisión sincera de mí mismo me dice que yo soy capaz de otros actos deshonestos: distintos, pero también inadecuados. Y ni él ni yo somos malas personas, sino niños de cuatro años a los que aún les queda mucho por aprender. Quizá juntos, si aplicamos mucha pedagogía amorosa, seamos capaces de llegar lejos en la carrera de la generosidad.

Ése es el principio de la Aceptación Incondicional de los Demás (AID): que todos somos buenos por naturaleza y, cuando no lo somos, es por locura o desconocimiento. Somos infantiles o se nos ha ido la cabeza. O las dos cosas.

La AID es muy importante en psicología cognitiva por-

que sólo con ella podremos tener «aceptación incondicional
de uno mismo», esto es, tratarse con cariño a uno mismo
cuando se falla. No fustigarse estúpidamente ante los errores
es básico para tener una autoestima fuerte. Y sólo seremos
amables y pedagógicos con nosotros mismos cuando lo seamos con los demás. Las personas que castigan también se castigan a sí mismas, y al contrario.

De hecho, convencí a mi familia de emplear el enfoque de
la sugerencia con el argumento de que esa estrategia nos haría
fuertes y felices a nosotros en primer lugar.

—Tratar con cariño a Francesc, suceda lo que suceda,
hará que nos tratemos con cariño a nosotros mismos cuando
fallemos —dije en la reunión familiar.

—Pero ¿y si no cambia nunca? —me preguntaron.

—Mala suerte, pero habremos hecho algo importante por
nosotros mismos.

El cura de los malos

Hace tiempo vi una entrega del programa de televisión *Salva-
dos* en el que se mostraba un ejemplo impresionante de AID.
El programa llevaba por título «¿Qué pasa después de la cárcel?» (está colgado en YouTube) y la parte que me fascinó
fue la entrevista al sacerdote Josep Maria Fabró. Me quito el
sombrero ante él.

La tesis del programa era que el sistema penitenciario no
funciona porque está diseñado para castigar y no para reha-
bilitar, como demuestra el altísimo índice de reincidencia.
Y, para demostrarlo, se esgrimía una serie de argumentos.

Pero luego el presentador, Jordi Évole, entrevistó a Josep Maria Fabró y las cosas tomaron un derrotero mucho más profundo. Y es que este sacerdote es una de las pocas personas que comprende la importancia del concepto de la AID. Quizá en todo el mundo. Jordi Évole acudió a la vivienda de Josep Maria en Martorell, un pueblo industrial de las afueras de Barcelona. El diálogo que mantuvieron, de forma resumida, fue el siguiente:

JORDI ÉVOLE: ¿Qué es esta casa en la que estamos?

JOSEP MARIA: Es una casa de acogida de personas que han cumplido una condena de cárcel y no tienen adónde ir.

J. É.: ¿Y cuánto tiempo están aquí?

J. M.: Se trata de algo temporal: cinco o seis meses; aunque muchas veces se convierte en mucho más. Pero, en principio, este hogar está pensado para que la persona pueda situarse en la sociedad, encontrar un empleo...

J. É.: ¿Y cómo escoge a los que pueden venir a vivir con usted? Porque sólo dispone de seis plazas.

J. M.: ¡Yo no los escojo! Son los servicios sociales de la cárcel que me llaman y me dicen: «Josep Maria, tenemos a esta persona que no tiene adónde ir y será muy difícil encontrarle un sitio...». ¡Y aquí acogemos al que sea, al que nos pidan!

J. É.: ¿Y por qué no tiene ningún problema en acoger al que le pidan?

J. M.: Porque si tuviéramos problemas se caería por sí sola la condición de esta casa. No podemos decir: «A éste no lo quiero; a aquél tampoco porque es demasiado malo».

J. É.: Pero esto le habrá traído problemas...

J. M.: ¡Claro! Aquí ha pasado de todo. Personas que han

bebido y que han destrozado la casa... Una vez, uno tuvo una sobredosis. En fin...

J. É.: Usted, padre, ¿acogería en esta casa al que llaman «el Loco del Chándal»?

J. M.: ¡Sí! Claro. Además, lo conozco desde que era crío y empezó a entrar en prisión. Es de por aquí.

J. É.: Pero a ese tipo de personas, la gente los rechaza.

J. M.: Sí, lo sé. Hace poco ha habido una manifestación en su contra y le gritaban: «¡Hijo de puta!, ¡asesino!, ¡violador!». Pero ¿qué sentido tiene todo eso?

J. É.: Los vecinos de Martorell se quejan de que «el Loco del Chándal» no está rehabilitado y que es un peligro.

J. M.: Es verdad que se negó a recibir ninguna terapia y seguramente sea un peligro. Pero, ahora que ha cumplido su condena, ¿hemos de echarle una mano o no? ¿Le hemos de ayudar o nos negamos? Si hacemos eso, le condenamos una segunda vez. Yo a estas personas les veo la cara y lo único que entiendo es que hay que darles la mano como sea. Y darles la mano tiene su riesgo, claro.

J. É.: Mire, padre, imagine que una víctima de uno de estos delincuentes se encuentra con usted y le dice: «A mí me parece mal que ayude a ese que a mí me hizo tanto daño. Porque es una mala persona». ¿Usted qué le diría?

J. M.: Pues que si es mala persona, tengo más motivos para seguir queriéndole ayudar y estar a su lado.

J. É.: ¿Todo el mundo merece una segunda oportunidad, aunque no esté rehabilitado y haya cometido el crimen más horroroso?

J. M.: Claro que sí. Otra oportunidad. Y si conviene, otra más. Y otra más. Y cada vez que caiga, le ayudaremos a que se levante. Las veces que sean.

Cada vez que veo esta entrevista me emociono porque en ella hay verdadero amor por los más perseguidos de este mundo: aquellos que detestamos, que consideramos «no humanos». Son la última categoría de personas, mucho peor que los intocables de la India. Y todo ese odio y rechazo es fruto en gran medida del miedo.

¡Y el miedo es siempre un enemigo de la felicidad! Si perdemos el temor a perder lo que poseemos, en este caso nuestra propia integridad física, ya no hay obstáculo para amar a todo el mundo y entender que los agresivos simplemente están enfermos y son los más necesitados de ayuda.

El temor a que nos agredan, a que nos maten, es bastante irracional porque eso sucederá seguro. La misma vida se encargará de ello. Todos enfermaremos y moriremos, y no pasa nada. Lo importante es ser feliz aun con ello. No comprendemos que intentar ahogar a esa serpiente es intentar asfixiarnos a nosotros mismos, porque todos nosotros tenemos la semilla del amor pero también la semilla de la enfermedad.

Pero, tranquilicémonos, en los páramos crecen las flores más hermosas. Josep Maria Fabró es una de ellas. Para las personas fuertes y felices, los riesgos asociados a darles la mano a los locos son minucias. Porque, en realidad, nadie nos puede hacer daño en lo fundamental: en nuestra ciudadela interior.

LA RENUNCIA MENTAL

En casi todos mis libros he escrito esta frase: «En la renuncia está la fortaleza», y cada día que pasa creo más en ello. Quizá el principio fundamental de la terapia cognitiva sea éste: «Necesitamos muy poco para estar bien». Casi todos nuestros ejercicios de visualización van en ese sentido: nos imaginamos en silla de ruedas y felices; en la cárcel y felices; en el albergue público y felices.

Si somos capaces de gozar de la vida con muy poco, nada podrá asustarnos. Por eso el filósofo Diógenes vivía en un tonel, para demostrarse a sí mismo que la felicidad está en la cabeza, no en la comodidad ni el estatus; ni siquiera en la integridad física.

Cuando renunciamos con alegría a un bien se abren decenas de ventanas. La vida es increíblemente abundante si no nos apegamos a un solo modo de disfrute. La renuncia implica dejar pasar aquello que la vida te sustrae, pero aprovechar al máximo lo que te concede. Con respecto a los demás, podemos renunciar a que nos traten bien pero seguir estando serenos y alegres, a la espera de inmediatas recompensas, acrecentadas en forma de madurez y plenitud.

Tras la renuncia, el siguiente paso de la técnica de la sugerencia, «sugerir el cambio en el otro», nos enseña a ser pedagógicos, a aprender a influir en los demás.

SER UN JEFE DIFERENTE

Hace tiempo que doy conferencias en empresas que desean introducir conceptos racionales entre su personal. Y uno de los puntos clave a la hora de cambiar toda una organización es el estilo de liderazgo.

Al buen jefe yo le llamo «jefe modelador» porque basa

su estrategia en «modelar» a los empleados, no en «mandar». Y los modela con alegría, capacidad de convencimiento y entusiasmo. La misma estrategia educativa que un buen padre o profesor aplica con sus hijos. El líder modelador parte de las siguientes premisas:

- Todas las personas gozan haciendo las cosas bien, siendo excelentes en algo.
- Todos deseamos estar implicados en un proyecto emocionante.

El jefe racional es aquel que ofrece esas dos oportunidades a sus empleados: entrar en una dinámica de trabajo excelente y vivir implicado en algo hermoso. Y es que no hay nada mejor que tener un trabajo en el que uno pueda realizarse, con autenticidad. Siempre en positivo, siempre con confianza en sus posibilidades, el jefe modelador les conduce hacia esos dos destinos. Les muestra cómo pueden desempeñarse de una forma extraordinaria. ¡Nadie se resiste a la tentación de ser excelente!

En una ocasión empleé a un asistente para que me llevase mis asuntos de oficina: la contabilidad, las gestiones de mi centro de psicología, las relaciones con la prensa, etc. Se llamaba Arturo, un joven licenciado en periodismo que me caía muy bien. Era la primera persona que empleaba en mi vida y no sabía bien cómo dirigirlo.

Al principio, Arturo cometía fallos que me disgustaban: trabajaba desde su casa y cuando le llamaba por teléfono nunca le encontraba, dejaba para el último momento algunas gestiones importantes y, en general, me daba la impresión de que no se esforzaba mucho. Pero para ser un jefe modelador

resistí el primer impulso de despedirlo —locuelo impulso—
e hice lo siguiente:

- Dibujar el modelo
- Vender la moto
- Volver a dibujarlo

EL MEJOR EMPLEADO DE ESPAÑA

El primer paso consistió en dedicar unas horas a diseñar
cómo sería para mí el asistente perfecto y redacté una des-
cripción acorde:

> Querido Arturo:
>
> He diseñado el siguiente perfil de tu puesto. Creo que te-
> nemos la oportunidad de trabajar según este modelo, que es la
> leche: vamos a conseguir que nuestra oficina sea la que mejor
> funcione de España. Al estilo de las oficinas de los grandes
> mandatarios, ¿te imaginas? ¡Como la de Obama! Sería genial
> que todos los procedimientos fluyesen de manera fácil y orde-
> nada para poder hacer un gran trabajo a todos los niveles.
>
> ¿Qué te parecería tener las diferentes tareas divididas
> por departamentos e ir diseñando funcionamientos mejores
> cada semana? La contabilidad, por ejemplo, que discurra de
> forma ordenada y clara. Comprobando cada paso y teniendo
> una relación muy fluida con nuestro asesor financiero, que te
> dará toda la información que necesites (puedes llamarle cada
> día para irle preguntando detalles).
>
> Asimismo, sería genial mejorar el orden, teniéndolo todo

en carpetas bien claras. Un día de éstos te daré una formación sobre el libro *Organizarse con eficacia* de David Allen y ya verás qué fantástico es llevar la agenda al día.

Puedes autogestionar tu trabajo de forma que te lo pases genial y aprendas continuamente. ¿Qué tal sería llevar a cabo un trabajo vigoroso en las seis horas matutinas que tienes en tu horario laboral?

¡Qué bien! Tenemos la oportunidad de crear una consulta de psicología moderna y muy por encima del estándar en España, con un personal feliz y excelente, en continuo aprendizaje y muy motivado. ¡Tú serás una pieza clave en este desarrollo! ¡Estoy seguro!

Con respecto a nuestra comunicación, sería genial que estuvieses siempre disponible. Así, si surge un imprevisto o algo urgente, me sentiré cómodo y seguro. Eso es muy valioso para mí. Lo puedes hacer llevando siempre el móvil encima o centrándote exclusivamente en nuestro trabajo durante las mañanas. Por la tarde, puedes mantener el móvil cerca para atender cualquier cosa puntual rápidamente. ¿Crees que es buena idea? ¿Es posible?

También estaría genial mejorar el tiempo de resolución de temas. Es decir, ocuparse de los trámites con mucha antelación. Por ejemplo, podemos tener comprados los billetes de avión con dos semanas de antelación. Eso me daría una sensación de eficacia y tranquilidad fantástica.

Con respecto al trabajo bruto realizado, sería excelente que cumplieras las seis horas de la jornada todos los días, sin saltarte ninguno. Porque así tu trabajo cundirá de forma extraordinaria y te convertirás en un asistente increíble y modélico, quizá el mejor. Creo que sería muy bueno que fueses estricto en cuanto al horario porque algunas claves del éxito son la perseverancia y la constancia. ¿Cómo lo ves? Cuando empezamos a fallar, perdemos esa excelencia. La clave es decir «no» a cualquier distracción en horas de oficina.

No es difícil alcanzar la excelencia: sólo tenemos que ponerle pasión, ilusión y fuerza. Yo tengo esta visión muy clara en nuestro trabajo juntos.

Decidí enviarle a Arturo estas descripciones de su trabajo cada quince días. Cada vez con unas indicaciones diferentes, pero con la misma visión de excelencia y disfrute, y con las ideas y enseñanzas que iba creyendo oportunas.

Es muy importante que convenzamos a los empleados —o a nuestros hijos— de las ventajas de trabajar de forma excelente, sobre todo para ellos mismos. Motivarles: hacerles ver que pueden alcanzar maravillosos niveles de disfrute y excelencia. Y hay que indicarles cómo hacer las tareas con la máxima ilusión, dibujarles el escenario idílico del orgullo por el trabajo bien hecho, el compromiso y la autenticidad. Siempre apuntando muy alto.

En resumen, el primer paso del liderazgo modelador es «vender la moto», seducir para el trabajo excelente. El segundo, «dibujar el modelo», se basa en indicarles el camino para lograrlo. El tercer paso es insistir en estos dos puntos de forma periódica hasta que alcancen el nivel que deseamos. Ser jefe consiste en: movilizar las fuerzas, modelar a la gente como estatuas de barro y perseverar con alegría y optimismo.

El jefe/gurú

En una ocasión conocí a un jefe extraordinario. Era el director de una editorial. Yo estuve haciendo unas prácticas en aquella empresa cuando era joven, justo después de estudiar psicología. Aquel jefe, que se llamaba Jordi, charlaba con los empleados de su visión de la editorial, de su compromiso con hacer libros con sentido, de anécdotas personales acerca de su trabajo. A esto le dedicaba por lo menos media hora al día.

El resultado es que el equipo de Jordi estaba hipermotivado, hasta el punto de que el trabajo daba sentido a su vida, se sentían vivos, parte de un proyecto emocionante. Jamás he vuelto a ver algo similar. Los empleados de Jordi solían llegar una hora antes de su horario y se quedaban hasta las nueve o las diez de la noche.

En los meses que estuve allí, yo mismo me lo pasé en grande y tenía la sensación de estar viviendo una aventura, como un viaje al extranjero o algo así.

Así de potente puede ser el efecto sobre las personas de un jefe inspirador. Los principios básicos de su influencia son:

- Jamás reprender a nadie, echar broncas o poner malas caras.
- Ser siempre positivo: apuntar a las posibilidades maravillosas del empleado.
- Enseñar que el trabajo puede ser una aventura única.
- Ser muy pedagógico: mostrar el camino una y otra vez.

Uno de los problemas de las empresas —y de las relaciones personales en general— es que frecuentemente nos orientamos según un criterio que podríamos definir como: «Debo escoger empleados/amigos/familiares que valgan», en vez de: «Voy a convertir a estas personas en empleados/amigos/familiares brutales».

La diferencia es crucial porque por el camino de la defenestración —al más puro estilo soviético— el jefe se centra en lo malo y no en lo bueno. Además, no desarrolla su capacidad pedagógica sino la de degollar empleados. Por el contrario, el jefe racional se centra en lo positivo y es muy pedagógico.

El jefe soviético —al que comete un fallo lo manda a Siberia— es paranoico porque está demasiado atento al error. Digamos que se fija demasiado en el fallo y pretende que las personas lleguen sabidas a los sitios. El tipo lo pasa fatal: está casi siempre enfadado y nervioso. Y pone nerviosos a los demás.

El jefe racional tiene espacio mental para disfrutar en el trabajo y goza enseñando a los empleados: los modela hasta convertirlos en ases; lo cual revierte en unos resultados globales de fábula.

Pongamos fin al gulag: ¡arriba la diversión!

Escuelas racionales

En una ocasión me invitaron a dirigir un taller en una escuela de postín de Madrid. Sentados en el despacho de la coordinadora del departamento de psicología, me plantearon los casos difíciles. Y me hablaron de Feliciano, un chaval de dieciséis años arrogante que disfrutaba incumpliendo las normas. Según me explicaron, el chico se sentía inmune: era hijo de una persona poderosa y tenía influencia sobre la dirección de la escuela.

La coordinadora me dijo:

—Su tutora está de los nervios. Mantiene un pulso con él pero no logra imponerse.

—Háblame de algún conflicto reciente —le pedí.

—Hace poco toda la clase se fue a esquiar. Un día, Feliciano y su grupito llegaron dos horas tarde a la cita para coger el autocar que les iba a llevar a las pistas. El resto de la clase tuvo que esperarlos en el hotel y estaba muy enfadado. La profesora le reprendió y él la despreció como siempre. Se armó una buena pelotera, pero a Feliciano le da igual todo. ¿Qué podemos decirle a esa profesora? —me preguntó.

—Pues que tiene que aprender a ser una líder modeladora, no neurótica, como es ahora. A Feliciano, como a los demás, no hay que reprenderle ni exagerar sus fallos, sino conducirle hacia el ideal en que se puede convertir —dije.

—Pero ¿cómo no lo va a reprender? Todos los chicos estaban irritados por no poder ir a esquiar —apuntó.

—¿Y es eso tan grave? Hay que enseñarle al resto que podemos renunciar con alegría. Yo les hubiese sentado en el suelo para impartir una clase improvisada de educación emocional. Les hubiese explicado que no necesitamos ir a esquiar y que Feliciano está confundido o en un momento infantil. El proyecto común sería sacar a Feliciano de su confusión. Al menos, el intento sería muy interesante para todos —expliqué.

—¿Y qué le hubieses dicho a Feliciano? —me preguntó la tutora.

—A su llegada hubiese dado por terminada la clase de educación emocional diciéndole: «Querido alumno, me encantaría que estuvieses más atento al grupo y te comportases de forma considerada con todos; yo te puedo enseñar a hacerlo y eso te será muy útil en la vida, pero si no lo haces... yo te apreciaré lo mismo. ¡No pasa nada! ¡Vámonos a esquiar, chicos, es hora de divertirse!» —añadí.

Los psicólogos escolares que estaban en la sala me mira-

ban con la boca abierta. Creo que nunca habían oído un enfoque semejante. Entonces, la coordinadora dijo:

—¡Uf! Está muy bien, Rafael, pero creo que será difícil
convencer a esta profesora de que emplee esta estrategia modeladora. Ella está muy metida en su rol disciplinario.

—Sí, ¿y cómo le ha ido? ¿Este chaval ha cambiado a lo
largo del año? —pregunté.

—No, para nada. Al contrario: cada vez está más rebelde
—respondió.

—Ella también se está comportando de una manera infantil, como si tuviese que imponerse a su alumno. ¡Nadie
tiene que imponer nada! Se trata de proyectar un modelo de
persona virtuosa, exitosa y feliz y guiarle hacia allí con ilusión.
Y si no lo conseguimos, mala suerte. Pero estoy seguro de
que, de esta forma, tendría muchos más éxitos que hasta el
momento —concluí.

Y es que cambiar a las personas por medio de la fuerza es
una labor de mediocres que sólo dará resultados mediocres.
¡Es imposible que alguien se convierta en un músico fantástico
por obligación! Para llegar a ser excelente en algo, tiene que ser
una decisión voluntaria propulsada por la ilusión. Los líderes
racionales son personas que ofrecen esa visión a los demás. Que
les abren los ojos hacia un desempeño más elevado, más feliz.

A Feliciano había que tratarle como a un diamante en bruto, que es lo que es, un alumno maravilloso en potencia. La
perseverancia es la madre de las consecuciones. Así, cada vez
que se mostrase despreciativo y arrogante había que seducirle
para el cambio, enseñarle la superioridad de la colaboración
pero con alegría y amor. ¡Nada de pulsos o imposiciones!

Y tampoco hay que ponerse nerviosos. La profesora se

estaba volviendo hipersensible a las pequeñas incomodidades de su trabajo y veía con fastidio algo que puede ser justamente lo más interesante de éste: enseñar a transformarse, a
convertirse en personas excelentes.

En este capítulo hemos aprendido que:

- El método «olvídate de ganar: ama» es la mejor forma
  de resolver conflictos y consiste en:
  a) No terribilizar jamás. No decirnos a nosotros mis-
     mos que no podemos soportar que el otro haga
     cosas deshonestas.
  b) Practicar la aceptación incondicional de los demás.
     Es decir, amar a todo el mundo con sus defectos.
  c) No activar la exigencia del otro en una espiral de
     superexigencias continuas.
  d) Activar la buena pedagogía, la fuerza del convenci-
     miento y la persuasión.
  e) Resolver los conflictos sin coste emocional. Al con-
     trario, sentir que disfrutamos del proceso, apren-
     demos y crecemos.
- La mejor forma de ejercer de jefe es orientarse para formar y motivar a cualquier empleado para que sea un as.
- Ante un mal desempeño, el buen jefe no se asusta.
  Se pregunta: «¿Cómo puedo formar mejor a mis traba-
  jadores para que esto no vuelva a suceder?».
- Ante un alumno díscolo, el buen profesor no se asusta.
  Se pregunta: «¿Cómo puedo mejorar mi persuasión
  para que los chavales maduren mejor?».

16

Aprender a dialogar

Cierto día, el mulá Nasrudín visitó el infierno y le sorprendió sobremanera lo que allí vio. Había mucha gente sentada en torno a una mesa muy bien servida. Estaba llena de platos, a cual más exquisito. Sin embargo, todos tenían aspecto demacrado, ¡pasaban mucha hambre! El caso es que tenían que comer con unos palillos largos como remos y cuando atrapaban la comida, no se la podían llevar a la boca.

Tras esto, Nasrudín ascendió al cielo. Con gran asombro, vio que también allí había una mesa llena de manjares y que también comían con palillos largos como remos. En este caso, sin embargo, todos lucían saludables. Allí las personas tomaban la comida para acto seguido alimentar a los de al lado.

En este capítulo vamos a tratar un tema que, aunque pudiera parecerlo, no es baladí. Vamos a aprender a dialogar y a intercambiar ideas, lo que supone una habilidad fundamental para la salud mental por dos razones: la primera porque, en general, no sabemos hacerlo, y muchas veces provocamos discusiones que estropean momentos que podrían ser hermosos. La segunda, y más importante, porque vamos a cambiar toda nuestra dinámica de entender las relaciones humanas: vamos a aprender a disfrutar de la gente y a manejar a las personas difíciles con maestría. ¡Vale la pena!

Recuerdo el caso de dos amigos míos de juventud: Anna y Jordi. Dos personas estupendas, compañeros de la facultad de psicología, que empezaron a salir juntos cuando teníamos veinte años. Anna y Jordi se querían, se compenetraban muy bien, pero desde el principio su relación fue un caos infernal. El problema era que discutían frenéticamente todo el tiempo. Casi todas sus interacciones eran así:

—Jordi, ¡no corras tanto! ¡Sabes que no me gusta que conduzcas así!

—Pero ¿qué dices? ¡Si voy normal! —contestaba él agriado y ofendido—. ¡Y a mí no me grites, y menos en el coche!

—¡Estás yendo a toda leche! ¡Para ahora mismo que me bajo! Y yo no te he gritado, ¡estás paranoico, tío!

—¡Si te bajas aquí no me llames nunca más, doña Broncas! ¡Estoy hasta las pelotas de tus órdenes! —gritaba él ya fuera de sí.

Por separado, Anna y Jordi eran dóciles y amables, pero juntos daban el espectáculo constantemente. Se peleaban en las aulas, en la cafetería, en un concierto, en la playa, en el teatro... Creo que el único lugar donde no la armaban era en la cama, donde finalmente solían resolver todos sus entuertos. Pero, claro, en menos de un año se dieron cuenta de que estaban mejor separados que juntos.

A lo largo de mi carrera profesional he visto muchos casos como éste. Parejas que no saben resolver sus diferencias, una habilidad fundamental para cualquier unión. Pero esta poca cultura del diálogo no sólo afecta a la pareja, sino a todos los demás ámbitos de las relaciones humanas. Sólo hace falta pensar en las reuniones familiares, donde los debates políticos suelen degenerar en absurdas peleas.

La mayor parte de la gente no sabe debatir; no sabe intercambiar ideas. Y eso nos hace ser inflexibles, obstinados, prepotentes, infelices y muy malos a la hora de resolver conflictos. En este capítulo vamos a aprender a hacerlo de otra forma, con un estilo que cambiará nuestras interacciones para siempre y también el conjunto de nuestra mente, que será más flexible y creativa.

EL DIÁLOGO INCLUYENTE

A la técnica básica para aprender a debatir con eficacia la llamo «diálogo incluyente». ¡Es el estilo de los más inteligentes! Básicamente consiste en buscar siempre la verdad del otro antes de exponer la nuestra. Implica preocuparse EN PRIMER LUGAR del otro antes que de querer llevar la razón. Y así, ocupándonos primero del otro y su verdad, ¡nos convertiremos en personas realmente influyentes!

Veamos un ejemplo. Mi padre es un tipo muy agradable. Ofrece a todo el mundo un cariño propio de las personas de montaña. Realmente está interesado en los demás y sus vidas. Pero, como mucha gente de su generación, tiene un fallo: todavía piensa que «¡con Franco se vivía mejor!». Ni me acuerdo del número de discusiones que ha provocado su neura fascista, porque hubo un tiempo en que en cada comida familiar siempre nos peleábamos por culpa del tema de marras.

En un momento dado, mi padre comenzaba a defender la

dictadura y, claro, sus cinco hijos entraban al trapo y el debate se caldeaba de forma absurda. Hasta que aprendimos a
aplicar la técnica del «diálogo incluyente».

El diálogo incluyente consiste en pensar —antes de decir
nada— qué parte de razón tiene la persona con la que estamos en desacuerdo. Por ejemplo: ¿qué hay de verdad en que
«con Franco se vivía mejor»? Averiguarlo es trabajo de la persona emocionalmente inteligente.

¡Nadie tiene razón!

La «verdad» es una cosa resbaladiza. No existe una sola verdad sino muchas. Incluso para fenómenos científicos. De hecho, las explicaciones científicas están en constante revisión.

Las otras verdades, las de la calle, son incluso más imper-
fectas. Lo que opinamos —sobre política, ética, relaciones y
demás— depende de ópticas y momentos históricos. Suelen
ser visiones que, en pocos decenios, quedan anticuadas. La
persona inteligente lo sabe y lo tiene en cuenta. El obstinado
irreflexivo, no.

¡Nadie tiene la razón completa sobre nada, jamás!

Lo que podemos hacer es llegar a acuerdos, extraer conclu-
siones útiles que nos otorguen un buen posicionamiento
frente a la realidad. Nada más. ¡Nada de verdades absolu-
tas, nada de «tengo razón», nada de «yo soy listo, tú eres
tonto»!

En ese sentido, hasta mi padre tiene razón al pensar que
con Franco se vivía mejor. Y yo aprendí a dársela para luego

ofrecerle una nueva perspectiva. Siempre que salía el tema, le decía:

—Papá, es verdad que en aquella época había mucha seguridad ciudadana.

Y no se trataba de un truco para ganarme a mi padre. Lo pienso de veras y así se lo transmitía. Luego proseguía:

—Y tienes razón en que la última etapa fue una época de bonanza económica. ¡Los espléndidos años setenta!

Para llegar a captar la verdad del otro es esencial que intentemos comprender por qué piensa así, qué vivencias le han conducido a sus ideas y, por último, reconocer lo que de cierto pueda haber en ello. Siempre hay verdad en el otro porque son ¡evidencias que la otra persona ha experimentado! Y la realidad tiene muchos recovecos y matices.

Sólo tras el reconocimiento de la verdad ajena podremos poner la nuestra sobre la mesa.

—Pero reconocerás, papá, que tú, que has tenido cinco hijos, has podido vivir un hecho muy bonito de la democracia. Cuatro de tus hijos han ido a la universidad por primera vez en la historia familiar. Y yo he estudiado incluso en dos universidades extranjeras. En tiempos de Franco eso era muy difícil. Su sistema prefería la separación de clases: los ricos tenían el monopolio de la buena educación.

—Eso es verdad, hijo. ¡Sí, a la clase dominante no le convenía que los pobres estudiasen con la élite! Y eso estaba muy mal —admitió.

¡Al fin! Mi padre estaba abierto a contemplar otra realidad distinta a la suya en cuestión de política. Pero sólo fue posible el día que hice un auténtico esfuerzo por comprender su verdad.

Una técnica en tres pasos

La técnica del diálogo incluyente tiene tres fases:

- Buscar la verdad del otro
- Ofrecer nuestra visión
- Incluir al otro en nuestro mundo

El primer paso es el más difícil porque es donde se produce la auténtica apertura mental, donde aprendemos a ser personas más inteligentes y mentalmente sanas. Buscar la verdad del otro es también un ejercicio de humildad que no estamos acostumbrados a hacer. Nos han enseñado a querer «tener razón», a «defender nuestras posiciones», lo cual es una estupidez porque nadie tiene la razón completa.

Recuerdo que en una ocasión estaba dando una conferencia y en el turno de preguntas salió el tema del aborto. Yo estoy a favor de una ley de plazos, esto es, que abortar sea libre hasta las veintidós semanas, como lo es con la actual legislación española, por razones de malformación del feto, peligro de salud física o emocional de la embarazada. Pero entre el público había una mujer de unos cincuenta años llamada Pilar que protestó ante mi visión.

—¡El aborto es siempre un asesinato! ¡No deberíamos matar a un niño sólo porque entraña un riesgo para la madre o porque no es perfecto! ¡Nadie lo es! —dijo visiblemente enfadada.

Mientras la mujer hablaba, investigué su posición. ¿Por qué, con toda su buena voluntad, se oponía frontalmente a cualquier tipo de aborto? La observé y vi que era una mujer hermosa y elegante. ¡Seguro que era una madre fantástica!

Tenía poco tiempo para meterme en su mente y acercarme a su posición, pero cuando dejas de lado la absurda necesidad de tener razón no es difícil conseguirlo. «¿Qué verdad hay en la posición de los antiabortistas?», me pregunté. Enseguida lo capté y dije:

—¿Sabes, Pilar? Me encanta que haya gente en el mundo tan generosa como tú, dispuesta a defender a los niños y a los no nacidos. Y entiendo tu posición. Es verdad que muchas veces hay que defender la vida ante sus creadores: los propios padres. No sería hermoso que no nos preocupásemos de los más pequeños.

Y acto seguido expresé otra realidad que creo que también juega un papel importante en este tema.

—Pero, Pilar, ¿qué te parece esto? En muchos libros de antropología he leído que los pueblos del Amazonas, que viven en grupos de unos cien individuos en plena armonía con la naturaleza, llevan a cabo infanticidios en el momento del nacimiento. Y lo hacen cuando hay peligro de que la tribu crezca más de lo debido.

—¡Me parece un asesinato horrible! —saltó la mujer.

—Claro, desde nuestro punto de vista. Pero fíjate que los antropólogos nos explican que, para los indios del Amazonas, controlar la dimensión de la tribu es esencial porque la supervivencia del grupo depende de ello —añadí con toda la dulzura que podía expresar—. ¿Qué harías tú si esto fuese cierto y, por salvar a uno, tuvieran que morir todos?

—Yo no lo mataría. ¡Que sea lo que Dios quiera! —respondió todavía alterada.

—¡Tu posición es bellísima, Pilar! Y que conste que yo también estoy por la vida y el amor incondicional. Pero sólo te comentaba este hecho para que veamos que cada situación merece una lectura diferente, ¿no?

—¡Pero ahora no vivimos en el Amazonas en plan tribu! Tenemos muchos medios para ayudar a las familias con problemas —replicó ella.

—¡Tienes toda la razón! Sólo quería ilustrar que, en cuestiones morales o éticas, muchas veces hay dos bienes que pueden chocar: el bien comunitario y el bien individual. Porque puede darse la paradoja de que buscando el bien individual, nos carguemos a todos los individuos. Eso puede darse, ¿no es cierto, Pilar?

—Pero te repito que ahora podríamos respetar todas las vidas porque tenemos los medios para hacerlo —me dijo todavía de morros.

—¿Sabes, Pilar? Me encantaría tomarme una cerveza contigo algún día. ¡Eres fantástica! —dije para acabar la conversación y poder seguir con la ronda de preguntas de la conferencia.

En ese momento la mujer se rió un poco y me dijo:

—¡Acepto tu invitación! Pero no cambiaré de opinión.

—¡Ni falta que hace! ¡Me encanta que haya personas tan generosas como tú! ¡Y si te parece, podemos concluir que muchas veces hay que defender a los niños de sus propios padres! Y ésa es una responsabilidad del grupo —concluí.

Después de la conferencia charlamos un rato y pude conocerla mejor. Como me imaginaba, era una persona excepcional. Y vi que ya estaba mucho más próxima a mi posición.

—Bueno, el tema del aborto es complejo, tienes razón

—dijo—. Lo pensaré más. ¿Me recomiendas algún libro sobre antropología de esos que has mencionado?

El «diálogo incluyente» requiere que nos zambullamos
en la ideología de la otra persona para extraer su parte de
verdad y, después de conectar a ese nivel, ofrecerle lo que
nosotros hemos hallado por nuestra parte. Se trata de conducir al otro hacia otra verdad más amplia que incluya la
suya. Por eso lo llamamos «diálogo incluyente», porque incluimos su verdad dentro de la nuestra, más amplia y con
mayor perspectiva.

El diálogo incluyente sería algo parecido a lo siguiente:

Y la «inclusión del otro en nuestro mundo» se traduce en
decirle al otro de alguna forma que, pese a que haya divergen-

cias, le amamos igualmente. Dentro de la psicología cognitiva esto entronca con nuestro concepto de «aceptación incondicional de los demás». En mi debate sobre el aborto, mi maniobra inclusiva consistió en expresarle mis ganas de ir a tomar una cerveza con ella.

La «inclusión en nuestro mundo» es una parte muy importante del diálogo incluyente porque casi siempre que discutimos de manera obstinada expresamos un distanciamiento personal. Es como si dijéramos: «¡Ya no puedes ser mi amigo porque somos demasiado diferentes!». A veces lo hacemos con gestos o con el tono de la voz.

Para combatir ese distanciamiento es muy importante expresar lo contrario. Las parejas que tienen una buena comunicación se preocupan mucho de decirse frases cariñosas cuando surge una disensión. Algo así como:

—Cariño, sigo pensando que es preferible hacer esto o lo otro.

Y si acompañamos el «cariño» con un gesto amoroso, mucho mejor.

Otra forma de expresar que incluimos al otro aunque no estemos de acuerdo con él es llamarle por el nombre de pila. Por ejemplo, a la señora del debate sobre el aborto me esforcé por llamarla por su nombre en cada frase que dije. Se trata de una expresión de cercanía que acentúa nuestra disposición incluyente.

El diálogo incluyente es la manera más inteligente y saludable de debatir. Para dominarla tendremos que practicar mucho, pero podemos empezar ya mismo, con nuestros familiares, amigos o colegas de trabajo.

Esquema de funcionamiento del «diálogo incluyente»

INVESTIGAR LA VERDAD DEL OTRO

↓

RECONOCER ESA VERDAD

↓

OFRECER NUESTRA VISIÓN

↓

INCLUIR AL OTRO EN NUESTRA VIDA

Afiliado al PSOE y al PP

Nuestra sociedad promociona neuróticamente el diálogo excluyente. Sólo hay que ver los debates de televisión. Los modelos que nos ofrecen son los típicos de la cerrazón más ignorante: creerse en posesión de razones que anulan al otro. Parece que estén diciendo: «Pero ¡qué burro eres!» y «¡Qué listo soy!». Y eso es un error porque nadie es listo en todo durante todo el tiempo. Y todos somos tontos o ignorantes en algún momento u otro.

El psicólogo y sacerdote Anthony de Mello dijo que estaba a punto de publicar un libro titulado *¡Tú eres burro, yo soy burro!* Quería expresar justamente eso: nada es blanco o negro, todos somos listos e ignorantes. Es mucho más inteligente reconocerlo.

A medida que integro la psicología cognitiva en mi vida más me parece que a la política le iría mucho mejor si nos dejásemos de exclusiones. En ese sentido, yo me considero simpatizante de todos los partidos políticos que existen en España. Podría tener el carnet de cualquiera: PP, PSOE, Podemos, Izquierda Unida, Convergència, PNV... ¡de todos! Porque por supuesto que soy de derechas, pero también de izquierdas. Soy nacionalista español y también catalán y vasco, pero también soy todo lo contrario: antinacionalista español, catalán y vasco.

Cada una de estas posiciones posee una parte de razón. Es cierto que la solidaridad es maravillosa, pero también que nos podemos acomodar a la sopa boba. Si tenemos en cuenta todas las realidades podremos construir modelos de explicación cada vez más amplios y resolutivos. Estamos muy cerca de un modelo mejor, como la teoría de la relatividad general de Einstein, que resolvió la incompatibilidad existente entre la mecánica newtoniana y el electromagnetismo. Fue un nivel de explicación mayor porque explicaba más que los otros dos por separado.

Las ventajas del diálogo incluyente son enormes. Si lo practicamos, seremos capaces de llevarnos mejor con los demás y nos volveremos más inteligentes y flexibles. Y si lo practicamos con perseverancia, empezaremos a ver resultados espectaculares en poco tiempo. Seamos listos de verdad y admitamos que todos somos burros, pero maravillosos.

En este capítulo hemos aprendido que:

- En general dialogamos fatal. Nos empeñamos en imponer nuestra visión, lo cual lleva a la discusión y a la cerrazón del otro.
- El diálogo incluyente es una técnica que implica:
  a) reconocer la verdad del otro;
  b) exponer nuestra visión;
  c) incluir al otro en nuestra vida.
- «Reconocer la verdad del otro» consiste en entender cómo piensa y qué parte de razón tiene.
- A la hora de «exponer nuestra visión» intentaremos que nuestra verdad incluya la verdad del otro, que sea una ampliación.
- «Incluir al otro en nuestra vida» consiste en decirle una palabra cariñosa para evitar que en el debate se sienta rechazado.

17

Aprender a decir «no»

Un día el rey llevó a su maestro de cetrería dos magníficas crías de halcón que le habían regalado. Con mucha ilusión, le dio órdenes para que los adiestrase para la caza.

Pasados unos meses, el instructor le entregó al rey un halcón perfectamente amaestrado, pero le comunicó que el otro era defectuoso y no conseguía aprender. No se había movido de la rama desde el día de su llegada; no cazaba y había que llevarle el alimento despiezado a la boca.

El rey llamó a todos los sanadores del reino pero nadie pudo hacer volar al ave. Enrabietado, publicó un edicto ofreciendo una recompensa a cualquiera que fuese capaz de lograrlo.

A la mañana siguiente, desde la ventana de sus aposentos el rey vio volar grácilmente al halcón por los jardines del palacio.

—Traedme al autor de este milagro —pidió el rey.

Y, para su sorpresa, le pusieron delante a un sencillo campesino.

—¿Cómo hiciste volar al halcón? ¿Empleaste alguna suerte de magia?

Intimidado, el hombre respondió:

—No fue difícil, majestad. Sólo corté la rama y el pájaro, antes de caer al suelo, comenzó a volar.

En el mundo de la psicología existen tratados enteros sobre el espinoso tema de saber decir «no». A muchas personas les cuesta horrores negarle algo a los demás. Al parecer, los japoneses experimentan especialmente esa dificultad y su vida es más complicada por ese motivo.

Pero lo cierto es que a todos nos ha afectado alguna vez este problema. Amigos que nos piden dinero, familiares que nos invitan a un bautizo... requerimientos que nos cuesta rechazar y que acabamos aceptando sólo porque no sabemos decir «no». Y una y otra vez nos encontramos con que nos arrepentimos de haber prestado ese dinero o de estar en una ceremonia absurda vestidos con un traje que odiamos.

Vamos a ver aquí algunos principios cognitivos que nos permitirán mejorar nuestra habilidad para decir «no». Básicamente se trata de comprender que:

a) Nadie puede hacer feliz a nadie
b) Lo mejor que podemos dar a los demás es alegría
c) Las mentirijillas forman parte de la vida
d) Aceptar un «no» es la mejor prueba de amistad

NADIE PUEDE HACER FELIZ A NADIE

Éste es uno de los principios fundamentales de la psicología racional: nadie puede hacer feliz a nadie. Y este hecho está en la base de la capacidad de decir «no».

Como hemos visto, la salud mental se basa en la comprensión profunda de que necesitamos muy poco para estar bien. Una vez cubiertas las necesidades básicas, la felicidad es algo mental: o activamos nuestra mente para estar genial o no lo hacemos. En realidad, sólo depende de nosotros.

Un error típico que solemos cometer es pensar que si vamos a visitar al abuelo a la residencia... le haremos feliz. ¡Falso! La plenitud del abuelo sólo depende de él. Más bien, de su mente. Una persona realmente fuerte no necesita migajas emocionales de nadie. Y, por el contrario, para un individuo débil, no hay atenciones suficientes en el mundo para sacarle de la depresión.

Las personas adultas —se empieza a serlo a partir de los doce años— dejamos de necesitar a los demás. ¡Y eso es genial! Porque a partir de entonces se abre una enorme capacidad para disfrutar y colaborar, amar y compartir: ¡sin dependencias absurdas!

El hecho de que «nadie necesita a nadie» conlleva que sea innecesario hacer favores o cumplir las expectativas de los demás. Las personas que nos piden cosas no las necesitan, lo sepan o no. Podemos negarnos con total tranquilidad. Su felicidad no depende de ello.

La alegría, el mejor regalo

Por otro lado, la mejor ayuda que podemos prestarle a alguien es estar radiantes y felices y contagiarle parte de esa energía. De esa forma le estamos mostrando el camino de la fortaleza mental mediante el ejemplo. Y eso implica cuidarse a uno mismo.

En vez de pensar que el abuelo te necesita, piensa que él sólo necesita activar su propia fortaleza mental; muéstrale con tu optimismo, con tu racionalidad, que él también puede lograrlo con sus solas fuerzas, que son las únicas que valen. Cuando quedéis para comer o dar un paseo, muéstrale lo bello que es vivir a través de tu sonrisa. No caigamos en la creencia irracional de que algo distinto a nuestra propia mente juega un rol en la felicidad.

Por estas dos razones —nadie necesita a nadie y el mejor regalo es la alegría—, podemos decir «no» en cada momento de nuestra vida, porque los demás no necesitan de nuestra ayuda. También podemos decir «sí» y ser altruistas, pero, como veremos a continuación, se tratará de actos de colaboración, no de arrogante asistencia.

Las ONG

Cuando expongo estas ideas racionales en público muchas veces me preguntan acerca de las ONG, ya que estas organizaciones se dedican a la «ayuda». Yo creo que hay que tener mucho cuidado con ellas porque a veces entran en comportamientos irracionales.

Desde un punto de vista cognitivo, nadie necesita a nadie —excepto los niños pequeños, claro—. Los países africanos, por ejemplo, no necesitan ayuda, ni los indigentes, ni los drogadictos, ni los parados... Ni nadie tendría por qué prestarles ninguna asistencia. Los humanos somos como cualquier otro animal en libertad: tenemos sobradas capacidades para obtener todo lo que necesitamos. ¡Todos y cada uno de nosotros! Otra cosa es la justicia: ¡eso sí que nos conviene!

Lo ideal en la ayuda al Tercer Mundo sería dejar de expoliarlos, de colocar títeres en los gobiernos y de azuzar guerras. Pero eso no es ayuda: es justicia, amor y racionalidad, que es donde las ONG podrían desempeñar un trabajo excelente. Es mejor ir a la raíz del problema que poner tiritas en heridas que se desangran.

Pero a muchas personas pertenecientes a ONG les encanta pensar que ayudan a los «necesitados», como un regalo de Dios, y eso les hace sentirse superiores. Éste es un enfoque neurótico.

Otro ejemplo son los subsidios de desempleo que tenemos en España. No es una «ayuda», sino sanos mecanismos que organizamos entre todos para facilitarnos la transición de un empleo a otro, por lo que se trata más bien de una «colaboración».

Otra cosa es la cooperación. ¡Eso sí me gusta! Yo he trabajado sin cobrar dinero en organizaciones cooperativas. Durante un tiempo eché una mano en un albergue para indigentes, en su mayoría alcohólicos graves. Y puedo asegurar que lo que obtuve de ellos fue mucho más que lo que yo les aporté. Aprendí muchísimo de esas personas, de su modo de vida, de su problemática. Además hice amigos increíbles entre los otros voluntarios. En ningún momento sentí que «ayudaba» a nadie: aprendía y ejercía una labor social que quizá un día necesite yo.

Y lo mismo se aplica a mi queridísima organización de los Voluntarios de Sant Joan de Déu, el hospital infantil de Barcelona. Les doy formación de vez en cuando, pero considero que en realidad es un intercambio por la labor que realizan: les enseño claves de la cooperación racional, conozco a personas maravillosas y, por último, contribuyo a una asistencia que quizá algún familiar mío necesite algún día.

Sé que distinguir «ayuda» de «colaboración» no es fácil, pero vale la pena el esfuerzo porque la filosofía de fondo lo cambia todo. Veamos algunos detalles al respecto:

- Colaborar es pasarlo bien, crecer y aprender.
- La colaboración evita hacer por el otro lo que éste podría hacer por sí mismo.
- Colaborar implica que el otro tiene fuerza y también entrega mucho a cambio.
- Ayudar, sin embargo, implica que el otro no sabe o no puede; que somos superiores al «ayudado» o dependientes del que «nos ayuda».

El ejemplo claro de «ayuda nociva» es el de esas madres —yo he conocido a muchas— que se afanan por hacerles todo a sus hijos, más allá de la edad razonable, para tenerlos siempre bajo sus faldas, rehenes de su asistencia. Esas madres desean secretamente que sus hijos no crezcan. Con sus maniobras superprotectoras están criando chicos neuróticos y dependientes.

Las responsabilidades confundidas

En muchas familias se da continuamente ese tipo de «ayuda nociva» y se acaba con un panorama de responsabilidades confundidas. Pondré un ejemplo.

Una madre despierta todos los días a su hijo para ir a la escuela, y eso que ya tiene doce años. Un día el chaval le dice que le despierte una hora antes porque tiene un examen y quiere repasar. La madre se olvida y le llama a la hora habitual. El joven entra en cólera:

—Pero ¡qué desastre! ¡Te dije que me levantaras una hora antes! ¡Ahora voy a suspender el examen! ¡Eres lo peor!

En más de una ocasión he aconsejado a estos muchachos:

—Oye, ¿sabes una cosa? Si quieres que esto no vuelva a suceder, encárgate tú mismo de tus asuntos. Nadie mejor que tú sabe lo que es más importante en cada momento.

No hay que ayudar a los jóvenes —ni a los mayores— si eso impide que aprendan las habilidades que les corresponde: esto es fundamental en educación. Dejemos que sean completamente responsables de sus decisiones y experimenten así nuevos aprendizajes. Por supuesto que podemos dar consejos, pero dejemos que sean ellos quienes dirijan sus vidas. Pueden aceptarlos o no. En eso consiste la libertad.

Por cierto, en esas familias disfuncionales superprotectoras suele haber montones de cruces de responsabilidades. Por ejemplo, si el marido se echa una amante, la madre le cuenta entre lágrimas el problema a su hijo de doce años. Cuando se les indica el error, se excusan así:

—¡Es que necesitaba apoyo!

Estas personas harían bien en comprender que a su hijo no le corresponde ninguna responsabilidad en ese asunto. Es ella quien se tiene que encargar de sus problemas y su hijo de los suyos. El cruce de responsabilidades en la familia no es bueno para nadie.

Pero, claro, como en su filosofía personal creen que todos necesitan a todos, todo el tiempo, porque tienen tantas necesidades... al final la confusión, la debilidad, las obligaciones artificiales, los reproches y las exigencias están por todas partes. Todos debilitan a todos.

Muchas putas y mucho alcohol

Yo amo a mi padre. Es un hombre amable como pocos. Entrañable a más no poder. Pero si ahora, a sus más de setenta y seis años, decidiese empezar a ir con prostitutas y beber hasta reventar, yo no tendría ninguna objeción. ¡Es su vida y ésa sería su decisión soberana! Eso sí: no le financiaría su aventura. Creo que intentaría comprender el motivo de esa deriva y seguramente le sugeriría alternativas, pero si persistiese en ello, le daría un abrazo y le pediría que pusiese por escrito sus andanzas. ¡Seguro que no serían aburridas!

Todos somos libres de escoger nuestro camino. ¿Quién dice que mi padre debería vivir como un cartujo? ¿Acaso ésa es la receta de la felicidad? No lo es. ¡Y aunque lo fuera! Mi padre tiene derecho a ser infeliz si eso es lo que desea.

Cuando ayudamos a alguien, generalmente intentamos imponer nuestra visión del mundo y eso es poner restricciones a la libertad del que recibe la ayuda. Si yo le pagase a mi padre una subvención de dos mil euros al mes, no creo que le dejase que lo malgastara en putas y drogas. La «ayuda errónea» siempre intenta imponer el camino ideológico del que ayuda. Para ayudar así, es mejor colaborar y dejar que cada uno tome sus decisiones y las asuma.

Benditas mentirijillas

Existe una frase, de cuyo autor no me acuerdo, que me gusta repetir: «Para estar bien contigo mismo tienes que decirte la verdad; para estar bien con los demás, no».

¡Menos mal que sabemos mentir! De hecho, las personas que no saben hacerlo —por ejemplo, los que sufren el síndrome de Asperger— pueden tener problemas por este motivo, ya que son capaces de decirle a una chica con sobrepeso que acaban de conocer: «Pero ¡qué gorda estás; nunca había visto a nadie así!».

De vez en cuando tenemos que decir alguna mentirijilla simplemente porque el mundo no es perfecto, ¡ni lo será nunca! No somos todo lo maduros que desearíamos y nos ofendemos con facilidad, nos ponemos absurdos, nos enfadamos y tenemos toda una miríada de reacciones neuróticas. Es normal.

Si somos inteligentes y flexibles, nos daremos cuenta de que es estúpido y contraproducente decir TODA la verdad en TODO momento. En ese sentido, a la hora de decir «no», bienvenidas sean las mentirijillas. Hay mucha gente que prefiere una negativa «indirecta» antes que la verdad a bocajarro.

Otro de los principios de la psicología racional es que no hay que exigirse nada a uno mismo, así que recurramos a las mentirijillas con toda tranquilidad. Si nos piden ayuda para una mudanza, es legítimo aducir que tenemos que trabajar todo el fin de semana. En la mayoría de los casos, el otro se imaginará que la verdadera razón es otra, pero preferirá la mentira suave a la verdad pura y dura.

Desdecirse no es tan malo

Desdecirse no es una costumbre muy aconsejable. Lo sé. Sin embargo, hay excepciones.

Tal vez por nuestra dificultad para decir «no» hayamos accedido a un plan que no nos apetece. Mi consejo es escribir un mensaje con una excusa y echarse atrás con la conciencia tranquila. Es posible que el otro se enfade ante el cambio de planes, pero la vida es así: imperfecta. Además, muchas veces cedemos ante la pesadez del amigo. Ahora se merece que le enviemos ese mensaje deshaciendo los acuerdos: por pesado.

Por lo tanto, aunque sea mucho mejor aprender a decir «no», a veces nos veremos en situaciones en las que es mejor recular, así que afinemos nuestra capacidad de poner excusas y desdecirnos de lo pactado. Si el otro es muy racional, entenderá nuestra maniobra. Si no, es su problema; que se relaje.

ACEPTAR UN «NO» COMO PRUEBA DE AMISTAD

Y una última estrategia para aprender a decir «no» es entender las negativas como maravillosas pruebas de amistad. Se trata de decirse: «Si mi amigo me quiere de verdad, no le importará que le niegue esto o lo otro». Un verdadero amigo no es aquel al que le mueve el interés, sino el amor. Si por el hecho de que le negamos algo material se enfada o nos retira su amistad, se trata de una falsa amistad. Y, en ese caso, ¿para qué mantener esa relación?

Diciéndole «no» a alguien ponemos a prueba su amistad. En ese sentido, negar favores es buenísimo.

Dejar una relación

Muchas veces me han preguntado cómo dejar una relación causando el mínimo daño posible. Mi consejo es que en el momento de dejarlo se ponga de manifiesto que un «no» a ser pareja abre una increíble puerta a ser buenísimos amigos. De la misma forma que le negamos un favor a un amigo pero le abrimos mil formas de colaborar.

Sé que esto de la «amistad posrelación» se dice con frecuencia y no consuela nada, pero eso es porque no es una propuesta sincera, intensa. Como veremos a continuación, si después de una relación de pareja nos entregásemos a construir la mejor relación de amistad del mundo, al otro no le dolería tanto.

El dolor del abandonado procede precisamente de que uno se dice que ha sido «abandonado», que lo ha perdido todo. Pero si se convence de que con el cambio se gana una relación sólida para toda la vida, la cosa es diferente.

Yo aconsejo decir —y sentir— algo así:

—Querida compañera de vida: te agradezco los maravillosos momentos que hemos tenido. Me han aportado mucho. ¡He ganado tanto con esta relación...! Ahora vamos a cambiar nuestra forma de darnos el uno al otro. Te propongo que, a partir de ahora, establezcamos una relación de amistad fantástica, como pocas se han visto. Para siempre. ¡Y no puedo decirlo más en serio! ¡Nuestra amistad va a ser un compromiso básico para mí!

»Nos tendremos el uno al otro como apoyos incondicionales (acicates y catapultas) para tener vidas superplenas. Yo estaré a tu lado en cualquier proyecto para que lo lleves a cabo con fuerza y alegría. Y, por otro lado, me tendrás para consolarte en las penas y para compartir las alegrías. ¡No habrás conocido una relación de amistad igual! ¡Te aseguro que valdrá la pena!

»Me comprometo a que ninguna pareja futura limite nuestra relación fraternal. Para que alguien esté conmigo, tendrá que aceptar esta condición. No permitiré que nadie ponga en peligro nuestra amistad.»

Una de las razones por las que duele tanto que alguien nos deje —sentimentalmente hablando— es porque creemos que se trata de «todo o nada»; pero si transformásemos la relación de pareja en una amistad extraordinaria, no experimentaríamos esa «pérdida total» porque no habría tal.

¿Y por qué hacemos esa tontería de borrar las relaciones pasadas, de hacerlas desaparecer? Si las mantuviésemos como activos esenciales de nuestra vida sería maravilloso: ¡nadie nos conoce mejor que nuestra ex pareja! ¡Pocos amigos nos pueden querer más!

El anillo de compromiso

En mi última relación de pareja fui yo el que lo dejó. Fuimos a cenar, le expuse mis razones y le propuse establecer la mejor relación de amistad del mundo. Y, para sellarlo, le regalé un anillo que había comprado unos días atrás.

Así como regalamos un anillo para simbolizar un compromiso de amor sentimental, ¿por qué no regalar un anillo cuando dejamos una relación para expresar la voluntad de amor futuro en un momento todavía más crucial? Estoy convencido de que las parejas que se separan evitarían los odios, los divorcios dolorosos, las peleas por los hijos... si fuesen capaces de adquirir un compromiso de amor fraternal.

Amor de madre

Un día un paciente me hizo la siguiente pregunta:

—Rafael, tú siempre dices que la vida es muy hermosa, ¡incluso que no puede serlo más! Pero ¿qué me dices de la pequeña tragedia de perder a una madre? Cuando uno despide a la persona que más te ama, ¿no se pierde una fuente de amor incondicional que es única?

Aquella pregunta me obligó a reflexionar. Es verdad que el amor de madre es incondicional, porque se trata de una entrega total. Casi todas las madres darían la vida por sus hijos, y eso difícilmente lo encontraremos en un amigo o en una pareja.

Aquella reflexión ocupó mi mente durante unos días. Estaba caminando por la montaña y pensé lo siguiente: «Si el amor de madre es una cosa única y maravillosa... ¿por qué narices no lo practicamos más?, ¿por qué no lo ampliamos a más gente?, ¿por qué lo limitamos a una sola persona y no lo multiplicamos?».

Y desde entonces intento amar a mis amigos, a mis familiares y a mi ex novia como si YO fuese su madre. ¡¿Por qué no?! Ser capaz de tener un interés tan grande e intenso por alguien sólo puede beneficiarnos. Ser capaz de arriesgar la vida por los demás es hermosísimo y nos vincula a ellos de una manera única.

Eso no significa darles todo a esas personas —al igual que una buena madre no le da todo a su hijo porque lo estaría malcriando—, pero sí tener el firme compromiso de amarlas incondicionalmente, de incluirlas en nuestra vida para siempre, apoyarlas y defenderlas.

En fin, «amar como una madre» es hacer que nuestros amigos íntimos sean parte integrante de nosotros mismos, trozos de nuestro cuerpo. Esa entrega, en realidad, nos multiplica y nos amplía; nos hace ser más que uno solo; ¡nos convierte en seres múltiples y casi plenipotenciarios!

Nada impide que podamos amar a nuestras ex parejas como una madre. Con ese nuevo compromiso no se produciría sensación de abandono. Y todos ganaríamos: una nueva manera de entender las relaciones tras la ruptura de pareja y, por qué no, las relaciones humanas en general.

En este capítulo hemos aprendido que:

- Las claves para aprender a decir «no» son:
  a) Nadie puede hacer feliz a nadie.
  b) Lo mejor que podemos dar a los demás es alegría.
  c) Las mentirijillas forman parte de la vida.
  d) Aceptar un «no» es la mejor prueba de amistad.
- «Ayudar erróneamente» es hacerle el trabajo al otro; lo mejor es que cada uno tome sus decisiones y se haga cargo de sus responsabilidades.
- «Cooperar» es sumar fuerzas, crear mecanismos de colaboración, sin que nadie imponga su ideología.
- Poner fin a la relación entre dos personas tras una ruptura de pareja es un desperdicio. Lo mejor es inaugurar una nueva relación de amistad profunda.

18

Revolucionarse con amor

Un afamado filósofo tenía una cita para debatir con Nasrudín. El día señalado, a la hora convenida, llamó a su puerta. Nadie respondió. El mulá había olvidado el compromiso y estaba en la casa de té jugando a las damas.

A medida que esperaba, el filósofo se iba poniendo más y más nervioso. Y al final, antes de irse, tomó un trozo de tiza y escribió en la puerta: «Estúpido patán».

En cuanto llegó a su casa y vio lo escrito, Nasrudín corrió a casa de su invitado.

—¡Lo siento tanto! Olvidé nuestra cita por completo —dijo—. Sólo me he acordado cuando he vuelto a casa y he visto que habías escrito tu nombre en la puerta.

Hace unos años, Madrid asistió a la aparición del movimiento de los «indignados». A raíz de la crisis bancaria se montó una acampada permanente en la Puerta del Sol, plaza icónica de la capital, kilómetro cero de las radiales españolas. La gente protestaba por la corrupción y la ineficacia de los políticos. Muchos se alinearon con este movimiento tras leer el libro *¡Indignaos!* del activista político francés Stéphane Hessel.

Yo me hubiese sumado a ellos si hubiese sido más joven y neurótico, pero tuve la suerte de que ya conocía la psicología racional. Y después de estudiar a Gandhi, Epicteto, Albert Ellis o Diógenes no podía aceptar en mí ese loco sentimiento llamado «indignación».

Reconozco la buena intención de los congregados en la Puerta del Sol y secundo la mayoría de sus argumentos, pero el problema es que «indignarse» nunca es la solución. Cabrearse o gritar es siempre una forma de locura: es terribilizar.

Enfadarse es lo más fácil del mundo: chimpancés y orangutanes dominan la técnica. Por el contrario, mantener la madurez filosófica y la capacidad de análisis está reservado a los humanos más inteligentes.

Si queremos ser personas serenas y racionales no podemos dejarnos llevar por la indignación. Los enfados son la especialidad de las personas perturbadas. Los alcohólicos graves —que tienen el cerebro hecho papilla— cogen día sí, día también, unos cabreos monumentales y arman unos pollos espectaculares. No tiene ningún mérito saber enfadarse: basta con tener unas cuantas neuronas dañadas.

TRABAJAR CON AMOR, NO CON ARDOR

En mi primer libro, *El arte de no amargarse la vida*, hablaba de las cacas de perro. Barcelona, la ciudad donde vivo, es preciosa, pero sus calles están llenas de heces. Incluso el bello Eixample está sembrado de deposiciones caninas.

En una ocasión, un humorista al que admiro, Javier Cansado, hablaba por la radio sobre este espinoso asunto y decía:

—¡Es una vergüenza! ¡Habría que obligar a los dueños a recoger la mierda con la boca! ¡Qué falta de urbanidad!

Pero esas expresiones van por el camino de la neurosis. Lo sé porque yo también las pronunciaba. Como Javier Cansado, no entendía por qué tenía que soportar las cacas de los perros de otros. Además, me daba la impresión de que los perros de mi barrio tenían predilección por mi portal.

Ahora las cacas de perro ya no me molestan tanto. En realidad, no huelen tan mal como las humanas. Son restos orgánicos, no pasa nada. Pero, en todo caso, «indignarse nunca es la solución». Si alguna vez decido contribuir a cambiar las cosas respecto a este tema, quizá funde una asociación para solucionar el problema de las cacas de todo el país. Y podría pasarlo en grande: conocería a otros voluntarios, haría amigos, colaboraría con el alcalde, estudiaría cómo llevar a cabo una educación social de ese tipo... Pero si decido no trabajar en ello, escogeré aceptarlo sin darle demasiada importancia.

Para apoyar de forma cognitiva la aceptación del problema de las cacas de perro podemos pensar que en la India el problema no se limita a las cacas de animales: allí lo que se acumulan en las calles son heces humanas. Y eso no impide que haya gente feliz. ¿Lo puedo ser yo aquí? ¡Claro que sí! Porque la alegría, el amor y la salud están muy por encima de la justicia o la comodidad.

Cómo enfrentar lo adverso

| Adversidad, injusticia, situación incómoda | → | Minimizo su importancia y consigo emociones suaves | → | Intento resolverlo con alegría o trabajo para aceptarlo mentalmente |

Existe una frase que emplean en las reuniones de Alcohólicos Anónimos como lema de crecimiento personal. Es una buena receta antiindignación: «Dios, dame fuerzas para cambiar las adversidades que puedo cambiar; coraje para aceptar las que no puedo cambiar y sabiduría para distinguir unas de otras».

El maestro Gandhi

El concepto de no-violencia de Mahatma Gandhi consiste en el compromiso de desechar la agresividad de la vida de uno para que impere el amor, renunciando a la comodidad, la justicia, el estatus o cualquier ventaja si eso implica el uso de la violencia.

Gandhi nos enseñó que podemos reivindicar cualquier cosa, siempre y cuando lo hagamos mediante el amor. Recordemos una vez más que este activista indio demostró que la no-violencia —la persistencia amorosa— puede ser mucho más eficaz que la violencia. De hecho, consiguió la independencia de la India sin disparar un solo tiro: sólo con marchas pacíficas. Y ante la agresividad de Gran Bretaña aplicó amor valiente y decidido. Nada más y nada menos.

Nosotros podemos imitar a Gandhi para implementar la no-violencia en nuestra vida personal y social. Por ejemplo, negándonos a votar a favor de cualquier medida política que implique usar la violencia, torturar a ciudadanos o castigar a pueblos enteros, defenderse mediante ejércitos armados... y admitiendo sólo el uso del amor perseverante. Y si con ello perdiésemos la comodidad en la que vivimos: ¿quién la necesita? Perderemos comodidad, pero ganaremos salud mental y plenitud personal.

El sistema que alimenta el problema

Olvidamos con frecuencia que los conflictos casi siempre son sistémicos. ¿Qué significa esto? Que los conflictos, las adversidades y los fallos tienen múltiples causas —no sólo una— y que éstas interactúan bidireccionalmente.

En general nos gustan las explicaciones sencillas, aunque no funcionen. Pensamos de la siguiente forma: «¡No pongamos varios factores en el análisis, mejor explicarlo con uno solo!», «Busca un culpable, no muchos», «Diseña una solución, no una combinación de soluciones». Y esa simplificación es un error importante porque hay infinidad de problemas que no se explican así: a veces no hay una relación de causa-efecto de tipo lineal, sino que las influencias van y vuelven, y hay varias personas o grupos implicados. Para resolver los problemas hay que pensar de forma multivariable.

Por ejemplo, hace muchos años trabajé de forma externa para una editorial de libros de psicología. Conocí al director y me pareció una persona amable y culta. En la primera reunión de trabajo a la que asistí, estábamos todos en torno a una gran mesa y el director empezó a despachar temas con cada uno de los presentes:

—Manuel, ¿cómo va el tema de la contratación de contenidos?

—Me faltan algunos autores... —respondió Manuel con la mirada hacia abajo.

—¡¿Cómo que todavía no está todo contratado?! Pero ¡qué desastre! ¡No se te puede delegar ninguna tarea! ¡Estoy harto de tu incompetencia!

Para mi espanto, el director estuvo ladrando al pobre Manuel durante unos diez minutos más. Al terminar, se dirigió a otra persona y se produjo una escena similar. Hasta que al final me llegó el turno y dijo:

—Bueno, Rafael. Contigo despacharé la semana que viene porque aún no has empezado a trabajar.

Buf, me había librado del reparto de broncas. Pero me di cuenta de que aquel director era un ogro insoportable y que, a la semana siguiente, me esperaba el mismo trato. Cuando salí de la reunión hablé con su secretaria, una chica muy dulce.

—Oye, ¿el jefe es siempre así?

—¡Sí! Yo tomo tranquilizantes porque, si no, ya me habría vuelto loca —respondió.

Si quería evitar el mal carácter de ese hombre tenía que hacer algo, y analicé la situación desde un punto de vista sistémico. Como decía antes, la psicología nos enseña que muchos problemas tienen un carácter sistémico. Esto es, se forman y se mantienen mediante sistemas de relaciones de tipo circular o de retroalimentación.

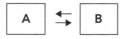

Yo había visto en la reunión que el jefe preguntaba y los empleados, asustados, respondían de manera sucinta y sin apenas mirarle a los ojos. Tenían la reacción normal del que quiere evitar un peligro. Ellos pensaban: «¡Que pase rápido!». Pero precisamente esa reacción era la que aumentaba la suspicacia, la inseguridad y la violencia del director. Él debía de pensar: «¡Me ocultan información porque son unos vagos ineptos! ¡Tengo que arrancarles la verdad a gritos!». Es decir, se producía una relación sistémica del tipo:

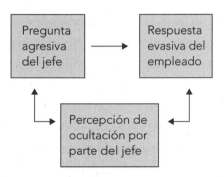

Decidí introducir un cambio en esa interacción circular y puse en marcha una estrategia rompedora. Ya que el director se encendía porque lo evitaban, yo le hiperreportaría. Y eso hice: al día siguiente de la nefasta reunión empecé a enviarle cinco e-mails diarios con dudas acerca de mis tareas: «¿Qué te parece si escogemos a tal autor para este tipo de textos?». Y él me respondía: «Muy bien, Rafael. Este autor lo puede hacer genial. Ofrécele el trabajo».

Al cabo de unas horas, le volvía a consultar otra duda. En realidad yo ya tenía un criterio claro, pero quería que él no tuviese la sensación de que le evitaba, ¡sino todo lo contrario! Al final del día, tras esos cinco correos, le llamé dos veces por teléfono con más preguntas y aclaraciones.

Así estuve toda la semana: le había escrito veinticinco

correos y llamado catorce veces, hasta que el último día me dijo en un e-mail: «Rafael, lo estás haciendo muy bien. Ve tomando tú solo las decisiones. ¡No hace falta que me consultes tanto!».

¡Perfecto! Había logrado lo que pretendía: hartarle con mis preguntas. Ahora sólo tenía que ver si mi plan tendría éxito en la reunión, que era al día siguiente.

Una vez más, nos sentamos alrededor de la gran mesa de reuniones y empezó la ronda. Asistí al mismo reparto de broncas de la semana anterior. Pero cuando me llegó el turno se obró el milagro. El jefe dijo:

—¡Ah! A Rafael no le pregunto porque ya sé que lo está haciendo todo muy bien.

Tal fue la cosa, que los empleados de la editorial sospecharon que yo era familiar del jefe y que por eso me dispensaba un trato diferente. Pero nada de eso. El milagro se obró gracias a un análisis sistémico del problema, justo lo que no solemos hacer frente a los conflictos.

Siempre que tengamos un problema con alguien, pensemos que puede que haya varias fuerzas que interactúan y nosotros estamos implicados. En política, las situaciones comprometidas se dan con la participación de todos y entre todos podemos cambiarlas. Si nos acostumbramos a pensar de esta forma, no nos enfadaremos tanto, no nos indignaremos. Es más eficaz buscar soluciones donde todos estemos implicados.

El siguiente poema de D. H. Lawrence expresa el error de la indignación:

UNA SANA REVOLUCIÓN

Si haces una revolución, hazla alegremente;
no la hagas lívidamente serio,
no la hagas mortalmente serio,
hazla alegremente.

No la hagas porque odias a la gente;
hazla sólo para escupir en sus ojos.

No la hagas por dinero;
hazla, y condena el dinero.

No la hagas por la igualdad;
hazla porque tenemos demasiada igualdad,
y va a ser gracioso sacudir el carro de las manzanas
y ver por qué lado se irán éstas rodando.

No la hagas por las clases trabajadoras;
hazla de tal modo que todos nosotros podamos ser
nuestras propias y pequeñas aristocracias
y patear como asnos fugitivos alegremente el suelo.

No la hagas, en fin, para la Internacional del Trabajo;
el trabajo es aquello de lo cual la humanidad ha tenido
                                    [bastante.
¡Eliminémoslo, acabemos con ello!
El trabajo puede ser agradable, y los hombres gozarlo;
y entonces, no es trabajo.
¡Tengamos eso! ¡Hagamos una revolución para divertirnos!

Cómo realizar una revolución

Una revolución racional, ya sea para acabar con las cacas de perro o para conseguir la independencia de un país, tendría que cumplir los siguientes requisitos:

- Plantearla en positivo: disfrutar del proceso, aprender con el proyecto y trabajar y pasarlo genial.
- Incluir al adversario en el proceso de crecimiento: convencerlo de que él también va a aprender, a beneficiarse con el cambio.
- Ofrecer amor cada vez que el adversario se vuelva locuelo.
- No terribilizar jamás; exagerar los males de una situación sólo nos hace sufrir.

Yo no soy independentista ni nacionalista, pero plantearía la reivindicación catalana de independencia de una forma diferente. Para empezar, trabajaría para convencer al pueblo español de que las asociaciones voluntarias son las más elevadas. Si España da un paso hacia adelante en ese sentido, se convertirá en uno de los estados más modernos del mundo, a la altura de Canadá o Gran Bretaña, que permiten cualquier consulta de secesión. Las asociaciones civilizadas pueden disolverse si una de las partes así lo desea. Tal y como hacen los matrimonios modernos. ¡Y no pasa nada con eso! Al contrario, la libertad es estimulante y propicia que cada una de las partes siempre intente hacer feliz a la otra.

Yo aconsejaría al movimiento independentista catalán que no exigiese nunca nada, porque eso implica violencia. Es mucho mejor intentar convencer con amor de que ser modernos, abiertos y garantes del derecho a separarse es genial. Cualquier consulta de independencia es buena, así como cualquier consulta de adhesión.

Y, por otro lado, el Estado podría intentar convencer a los catalanes de que la asociación nacional es lo más. Esto es, sugerir —no exigir— la continuidad de la unión de forma amorosa y libre. ¿No sería maravilloso que se propusiese una unión para la felicidad común? En vez de exigir nada a la Generalitat, podría plantearle nuevas y creativas formas de colaboración.

Normalmente, el miedo es lo que nos impide ser racionales. En este caso, el miedo a perder la oportunidad de escoger por sí misma, en Cataluña; y el miedo a perder una región potente a nivel económico, en España.

Como hemos visto a lo largo de este libro, al miedo se le vence con la renuncia. Por supuesto que España podría ser feliz si perdiese una región económicamente fuerte; vería mermados sus bienes materiales, pero ganaría en fuerza moral, amor y alegría. Y lo mismo Cataluña: podría ser inmensamente feliz aunque se le negase la capacidad de salir de la unión nacional; todos podemos aprender a concentrarnos en lo que poseemos y no en aquello de lo que carecemos.

Mientras tanto, unos y otros podrían intentar convencerse de sus respectivas visiones. Y, al mismo tiempo, amarse: locuelos o sanotes, porque todos tenemos en nuestro ADN ambas expresiones: la locura y la salud.

Limpiar la caca: un asunto fascinante

Hemos empezado este capítulo hablando del feo asunto de las cacas de perro. Vamos a retomarlo ahora. Barcelona es una ciudad preciosa, pero es cierto que sus habitantes no podemos presumir de urbanidad. Todavía tenemos que aprender mucho al respecto. Como decía antes, a mí ya no me molestan las cacas en cuestión, pero estaría genial que las calles estuviesen más limpias.

Caminando un día por la montaña se me ocurrió una solución divertida y creo que muy eficaz: el «pincho perruno». La idea es proporcionar a todos los vecinos lo que podríamos llamar el «set de la urbanidad»: una bolsa ecológica y un palo afilado. Podríamos distribuirlo metiéndolo en los buzones de las casas junto con una carta que explicase el procedimiento a seguir:

Querido vecino:

Este «set de la urbanidad» que acabas de recibir es un arma de transformación social. Se compone de un «pincho perruno» y una bolsa, y su propósito es recoger las cacas de perro que veas en la calle. Pincha con el palo la caca y métela en la bolsa; después, introduce ésta en la papelera más cercana.

Con tu acción limpiadora estás contribuyendo a que las calles estén más lindas y, al mismo tiempo, estamos señalando el camino a las personas que todavía no se hacen cargo de los restos de sus animales. Enseñarnos con amor, los unos a los otros, es un acto de urbanidad y crecimiento personal. Todos hacemos cosas incorrectas y todos podemos aprender a dejar de hacerlas.

Con alegría y generosidad, en Barcelona seremos campeones en urbanidad.

La experiencia del «pincho perruno» podría ser maravillosamente aleccionadora. Se trata de poner en práctica los ejes fundamentales de la psicología cognitiva:

a) No quejarse de las adversidades hasta convertirlas en fuentes de infelicidad.
b) Poner la felicidad por encima de cualquier ventaja o comodidad.
c) Comprender que todos estamos un poco locos y, al mismo tiempo, somos maravillosos.
d) Comprender que la mejor manera de influir en los demás es sugerir con amor.

La maniobra de limpiar las cacas de la ciudad implica no exagerar sobre la imperfección del mundo y, además, si todos recogiésemos una caca al día, no habría ni rastro de ellas. Una vez la ciudad estuviese limpia, sería mucho más fácil que las personas fuesen más cívicas porque se crearía un círculo virtuoso. Cuando un espacio es hermoso, tendemos a respetarlo.

Además, ¡qué lección para los que no recogen la caca de su perro ver que sus vecinos se encargan de ello aun sin corresponderles! Sería una lección de doble civismo que les impactaría increíblemente. Cada vez que viesen a una persona usando un «pincho perruno» se dirían a sí mismos: «Si ellos recogen las cacas que no son suyas, ¿voy a ser yo tan incívico como para no recoger las mías?».

Pero lo más interesante del «set de la urbanidad» es que mucha gente podría hacer un ejercicio de convivencia noviolenta: dejarse de quejas, ser inmensamente comprensivos con los demás y amarles pese a todo.

Esa experiencia nos serviría como modelo de influencia social de cara a nuestros amigos, familiares, hijos o compañeros de trabajo. Yo creo que una ciudad en la que sus ciudadanos sonríen por las mañanas y recogen una caca que no es suya es la mejor ciudad del mundo. Se trata de buscar soluciones imaginativas en vez de quejarse. Si todos se acostumbran a ese tipo de respuesta cuando hay un problema, ¿no encontraremos soluciones creativas y eficaces para cada situación?

Pero lo esencial es no amargarse estúpidamente por pequeñeces; entender que los errores suelen ser problemas sistémicos y que siempre existen soluciones divertidas que contribuyen al crecimiento de todos. Porque todos somos iguales: unas veces villanos y otras héroes; grandes genios para unas cosas y grandes estúpidos para otras. Y en el fondo, una luz nos ilumina a todos. La luz del amor incondicional.

En este capítulo hemos aprendido que:

- La indignación es una forma de terribilitis o neurosis.
- Las personas realmente inteligentes aceptan la imperfección del mundo.
- Pelearse por conseguir derechos es «pan para hoy y hambre para mañana»: ganaremos ventajas pero perderemos en salud mental.
- Es mucho más eficaz trabajar las soluciones desde la felicidad que desde el enfado.
- Muchos problemas son sistémicos y su solución requiere un análisis inteligente que va mucho más allá de buscar un culpable.

19

Cuidar de uno mismo

El rabino Meir Cohen había dedicado toda su vida a estudiar las Escrituras. Era una autoridad apreciada en todo el mundo y sus sermones se publicaban en muchos idiomas, especialmente los dedicados al pecado de hablar mal de los demás.

En una ocasión, se hallaba en un tren de vuelta a casa y conoció a otro viajero. Éste le habló del propósito de su viaje:

—Voy a la capital para conocer al gran rabino Meir Cohen.

Al rabino le divirtió la coincidencia y quiso indagar más acerca de la opinión que se tenía de él.

—¿Y por qué le llamas «gran rabino»? ¿Qué tiene de especial? Yo creo que sólo es un hombre como los demás.

—¿Cómo osas ser tan insolente con un sabio sin igual? —exclamó al viajero al tiempo que le propinaba un sonoro bofetón.

Días más tarde, ya en la ciudad, Meir Cohen daba una conferencia en la universidad. Al terminar, aquel viajero del tren se acercó avergonzado a pedirle disculpas. Se había quedado blanco de vergüenza al comprobar que había abofeteado al mismo héroe al que quiso defender.

—¡Señor! ¿Qué he hecho? ¡No tengo perdón de Dios! —le dijo.

—*No hay nada que perdonar, puesto que me has enseñado algo vital: la importancia de no hablar mal de nadie, pero sobre todo de uno mismo.*

Las personas nos volvemos neuróticas a causa de las hiperexigencias. Nos exigimos demasiado a nosotros mismos, a los demás y al mundo.

Cuando los que fallamos somos nosotros, nos decimos: «¡Soy un fracaso total, no valgo para nada!».

Cuando nos parece que los que yerran son los demás, nos convertimos en supertalibanes: «¡Todo el mundo me debe tratar bien todo el tiempo!».

Y con respecto al mundo, nos da la impresión de que TODO debe funcionar SIEMPRE como está previsto. De lo contrario, nos entra un cabreo monumental.

Pero de estas tres familias de neuras la peor es la primera, porque el autofustigamiento mina la autoestima y conduce hacia la depresión.

En este capítulo vamos a aprender a cuidar de nosotros mismos: esto es, a tratarnos siempre con comprensión y amor. Vamos a dejar de castigarnos porque es contraproducente: no sirve para mejorar y nos hace débiles.

«SOY UN MIERDA»

Hay muchos jóvenes de entre veinte y treinta años que se fustigan salvajemente por no tener éxito. Yo he visitado a muchos en mi consulta. Consideran que sus empleos son indignos y que no han cumplido las expectativas que tenían. Ese autocastigo les hace sufrir: tienen una baja autoestima y se impiden a sí mismos disfrutar de su trabajo.

También lo pasan fatal delante de sus amigos. Se comparan con ellos y siempre salen derrotados. A veces, hasta dejan de ver a su cuadrilla para no experimentar esa sensación de minusvalía.

Más de una vez, me han dicho: «Rafael, soy un fracaso». O directamente: «Soy un mierda». No se dan cuenta, pero no es el éxito o el fracaso sino esa autoexigencia absurda lo que les hace infelices de verdad. Y además, paradójicamente, contribuye a que no rindan a la altura de sus posibilidades.

Su verdadero hándicap es su mentalidad de «todo o nada», que incrementa sus temores porque les pone continuamente entre la espada y la pared. Si dejasen de autoexigirse, empezarían a brillar de inmediato, de forma natural, sin apenas darse cuenta.

Yo mismo fui presa de esa autoexigencia loca cuando tenía veintisiete años. Recuerdo que acudí a una psicóloga porque estaba mal: me castigaba a mí mismo por no haber alcanzado ciertos logros.

Yo había sido un estudiante ejemplar y un brillante doctorando, pero tras unos años de impartir clases en la facultad entré en crisis y lo dejé todo. Me acercaba a la treintena y me encontraba enmarañado en una universidad llena de politiqueo, con un futuro precario e incierto. Pero, sobre todo, tenía la sensación de que estaba defraudando a todo el mundo, a mí el primero.

Algunos amigos míos estaban consiguiendo logros importantes en el ámbito laboral y yo no. Consideraba que todos eran mejores que yo. Recuerdo uno de aquellos diálogos con la psicóloga. Le dije:

—Es que todos consiguen sus objetivos y yo no logro ninguno.

—¿Como quién? ¿Quién de tu entorno ha conseguido más que tú? —me preguntó.

—Mi hermano Gener, por ejemplo. Él trabaja en un ayuntamiento como trabajador social —respondí.

—¿Y ése es un trabajo mejor que el tuyo? Tú estás en la universidad y, aunque no tienes un contrato fijo, enseñas muy bien y traduces libros de psicología importantes. Tampoco veo tanta diferencia —espetó.

La verdad es que en aquella época me parecía que a todo el mundo le iba mejor que a mí y lo que ocurría en realidad es que yo tenía unas expectativas sobre mí mismo un poco exageradas. Y unos valores equivocados.

Pero, por suerte, al poco tiempo empecé a limpiar mi mente con la psicología cognitiva y me di cuenta de que la única expectativa lógica sobre nosotros mismos es «ser personas que aman». Todo lo demás sobra. Si queremos ser fuertes, felices y rendir bien, sólo cabe «amar a la vida» y «amar a los demás».

Endiablada natación

La hiperexigencia casi siempre proviene de la infancia. La sociedad, con sus erróneos mitos, nos la inocula bien pronto. Hubo una experiencia personal en mi niñez que ilustra ese lavado de cerebro.

Cuando empecé el cole a los siete años fui a una escuela católica de Barcelona. Una de las asignaturas era natación. Mi primer día en la piscina prometía ser maravilloso. Como todos los niños, yo amaba el agua, el mar, ¡la bañera! Sin embargo, aquello resultó ser un horror. Yo no sabía nadar. Los profesores, un matrimonio que parecía salido de la Unión Soviética, nos formaron en una larga fila. Y uno por uno, llegado el turno, nos fueron tirando al agua. El método consistía en «pescarnos» por la cabeza con un largo palo metálico acabado en un gancho mientras chapoteábamos angustiados.

Efectivamente, aprendimos a nadar. Pero también a odiar la natación. Yo aún detesto el olor a cloro. ¡Qué suerte tuvieron los que llegaron sabiendo nadar! Sus padres les habían enseñado de forma amorosa y racional y no a través del demencial método del gancho en el pescuezo.

Han pasado cuarenta años hasta que he superado la fobia a las piscinas (aunque, por cierto, voy a una que se desinfecta con bromo y no huele). Pero, aunque por fin me gusta nadar, no soy un buen nadador. ¿No es increíble que con todos aquellos años de natación obtuviese un resultado tan pobre? Sin duda, aquella pareja de profesores llevó a cabo un trabajo muy mediocre. Su labor es un claro ejemplo de educación errónea.

Muchos todavía creen que exigirse a uno mismo —y a los demás— es la clave del buen carácter y los logros. Piensan que la fuerza bruta, la valentía o la superexigencia son virtudes, cuando en realidad son muestras de locura.

La buena enseñanza es siempre divertida y segura. Cualquier aprendizaje se desarrolla mucho mejor desde la pasión que desde el miedo. La superexigencia es un autosabotaje.

Flagelándose se pueden lograr algunas cosas, pero muy pocas comparado con el amor.

El boxeador arrepentido

Al principio de este libro hablé de Allen Carr, el autor de *Es fácil dejar de fumar si sabes cómo*. Sin duda, el mejor psicólogo del mundo, aunque nunca estudió psicología ni ejerció como tal.

En uno de sus libros explica una anécdota sobre la estupidez de la autoexigencia. En sus años mozos, en las frías tierras de Escocia, había practicado el boxeo ¡en el colegio! Eran los años cincuenta y todavía se practicaba esa forma de locura en la clase de gimnasia. Como Carr era un chaval muy atlético, aprendió a boxear muy bien y fue campeón juvenil de su región durante varias temporadas. Pero no fue hasta muchos años después, una vez descubierto su método para dejar de fumar de forma racional, cuando pudo admitir que siempre había odiado boxear y que, en general, la fuerza bruta, la agresividad y la autoflagelación son cosas de locos.

Boxear es un acto demencial que sólo demuestra lo brutos que podemos llegar a ser. Sin duda, una de las cumbres de la estupidez es fingir que puedes ignorar el miedo de forma irracional. No en vano, los boxeadores profesionales abandonan el boxeo en cuanto pueden y no vuelven a subirse a un maldito ring en su vida. ¡Vaya afición es ésa!

Pero mitos como John Wayne o Sylvester Stallone nos empujan a desear presuntas virtudes como la dureza, el aguante o la fuerza de voluntad; cuando son mucho mejores la flexibilidad, la capacidad de apasionarse o la fuerza del disfrute.

Campos base

El caso de Eduardo, un chaval que vino a mi consulta hace unos años, puede ilustrar el tema de este capítulo: la conveniencia de saber cuidar de uno mismo.

Eduardo era un niño muy inteligente, casi superdotado. Simpático, cariñoso, divertido... Pero a sus once años había empezado a tener un trastorno obsesivo relacionado con la limpieza. En concreto, se tenía que lavar las manos continuamente por miedo a contaminarse. Y seguía, tres veces al día, un ritual de cuarenta y cinco minutos de cepillado y enjuague dental. De lo contrario, tenía la sensación de que algo malo ocurriría con su salud.

Al poco de empezar la terapia me contó que deseaba ir de campamento con el cole, pero que no se atrevía a causa de su problema con la limpieza. Estaba muy nervioso porque no se decidía. Me explicó:

—El año pasado ya fuimos. Los lavamanos están en una zona común y si me ven lavándome tanto rato pensarán que soy muy raro.

—Y si no te lavas, te pondrás nervioso, ¿verdad? —pregunté.

—¡Sí! ¡Quizá no pueda dormir en toda la noche! —confesó.

—Muy bien, pues no vayas al campamento. Piensa que dentro de unos meses, gracias a la terapia, ya no tendrás este problema y entonces podrás sumarte a tus amigos —sugerí.

—¡Ostras! Pero ¿cómo les explico que no puedo ir? ¡Qué vergüenza! —me dijo casi llorando.

Como sucede casi siempre que tenemos neuras, no sólo sufrimos por ellas, sino que nos castigamos doblemente por el hecho de tenerlas. Efectivamente, a Eduardo le hacían sufrir dos cosas: la obsesión por la limpieza y el hecho de ser diferente, y esa presión extra aumentaba la manía de la limpieza en un bucle endiablado.

De hecho, en aquella sesión no pudimos trabajar sobre la contaminación y los gérmenes. Tuvimos que centrarnos primero en su autoestima. Y para ello le hablé de mi experiencia como montañero. Le expliqué en qué consiste la verdadera valentía, algo que se construye mediante «campos base».

—¿Has visto alguna vez a un alpinista subiendo una montaña?

—¡Sí! En el Himalaya. ¡Edmund Hillary fue el primero en ascender al Everest! —me respondió enseguida.

—Exacto. Pues existe algo que es fundamental para todos los grandes escaladores que se llama «campo base». Se trata de un conjunto de tiendas donde almacenan comida, ropa, aparatos de comunicación y oxígeno. A medida que ascienden, van estableciendo campos base. En una gran expedición, como la del Everest, puede haber tres o cuatro campos base hasta la cima. Si la ascensión se pone difícil, el alpinista vuelve al campo base más cercano para descansar, avituallarse y obtener información sobre el clima.

—¡Sí! Lo he visto alguna vez. ¡Hasta cocinan espaguetis dentro de las tiendas! —me dijo.

—Sí, claro. ¡Y carne con patatas! Pero fíjate, ¡nadie intenta escalar una gran montaña sin campos base! ¿Me entiendes? La valentía racional consiste en saber cuidarse, en ir poco a poco, en establecer redes de seguridad: ¡tantas como necesites! Eso es justamente lo que nos permite llegar a lugares tan lejanos.

Eduardo me entendió al momento. Desde siempre, aquel chaval se había exigido a sí mismo un montón de logros y capacidades, y eso le empujaba a una absurda dicotomía de «todo o nada». Era como si un montañero se dijese: «O subo el Everest de una tacada o soy un cobarde fracasado». Pero Eduardo aprendió que no tenía por qué sentirse mal por no ir al campamento; o si decidía acudir, siempre podría volver si le entraba la ansiedad. Y, en ambos casos, podía emplear mentirijillas para quedar bien delante de sus compañeros.

Y es que establecer campos base, a nivel emocional, significa:

- No sentirse mal por ser vulnerables o experimentar miedos, por muy irracionales que parezcan. ¡Todos somos unos trastos! Fallamos pero también somos maravillosos.
- Aprender a subdividir las tareas difíciles en partes más sencillas. ¡Nadie ha aprendido a hacer ecuaciones de segundo grado sin haber dominado antes las de primer grado!
- Ponerse las cosas fáciles siempre que se pueda. Por ejemplo, a todos nos cuesta decir las cosas difíciles a la cara; pues escribamos una nota, un e-mail o un whatsapp. Lo importante es comunicar: no seamos talibanes de nosotros mismos.
- Darse un margen de seguridad. Esto es, tener un plan B. Si quedamos por primera vez con alguien y nos agobiamos, podemos decir que nos duele la cabeza y nos

vamos. Tener siempre una salida preparada es de inteligentes. Exigirnos «ser normales» es lo que nos vuelve
neuróticos. Nadie es completamente «normal».

- Decir mentirijillas. Las mentiras sanas y piadosas son el
aceite que engrasa este mundo imperfecto. Muchas veces necesitamos «salvar la cara» delante de amigos,
jefes o compañeros de trabajo demasiado exigentes
(locuelos). Una mentirijilla nos puede ayudar a salir del
paso.

LA PERSEVERANCIA Y EL ESFUERZO

A veces nos obcecamos en ponernos las cosas difíciles porque
tememos convertirnos en personas débiles, incapaces de llevar a cabo tareas con esfuerzo y perseverancia. Pero nada más
lejos de la realidad. La perseverancia y el esfuerzo continuado
son habilidades de las que uno puede disfrutar mucho, siempre que se enmarquen en una estrategia de autoprotección
adecuada.

Yo recuerdo que cuando era joven podía estar estudiando
determinadas asignaturas ocho horas seguidas y gozaba del
esfuerzo. Pero se trataba de tareas que conocía, que no me
suponían frustraciones absurdas ni combates locos conmigo
mismo.

Cuidar de uno mismo no es incompatible con mejorar,
aprender, trabajar y esforzarse. Al contrario, cuando uno se
siente seguro y protegido es cuando mejor explora el medio
que le rodea.

Un brindis por el Prozac

Uno de los autofustigamientos más severos se da cuando nos castigamos por ser neuróticos. Nos decimos: «¡Qué desastre! ¡Nunca me aguantará nadie!». O, como me decía un paciente: «¡Estoy averiado!».

Insultarnos a nosotros mismos de este modo es irracional por muchas razones. En primer lugar, porque no sirve para nada; sólo conseguimos bajarnos la moral e impedirnos cambiar. En segundo lugar, porque la neurosis es la enfermedad del siglo XXI; cada vez habrá más neuróticos poblando el planeta. Y en tercer lugar, porque todos tenemos fallos y eso no nos impide brillar como personas que aman.

¡Cuántos grandes personajes: científicos, artistas, gobernantes, filósofos... han sido neuróticos en muchos ámbitos de su vida!

Citemos, por ejemplo, a mi admirado Winston Churchill, primer ministro de Gran Bretaña, Premio Nobel de Literatura, miembro de la Cámara de los Lores...

O a uno de los mayores científicos de todos los tiempos, Charles Darwin, creador de la teoría de la evolución de las especies, que sufría de fobia social e hipocondría. Él se sentía afortunado de tener limitaciones emocionales porque le habían empujado a focalizarse en su gran pasión: la ciencia. En cuanto se casó, se fue al campo, donde vivía en un plácido retiro que sólo interrumpía para ir a balnearios a tratarse de las enfermedades estomacales creadas por su mente. Muchas veces iban a visitarle sus colegas y él no los recibía. Ya sabían que, en sus momentos malos, era mejor no molestarle.

O mejor aún, al que para muchos ha sido el científico número uno de la historia, Isaac Newton. Recordemos que él solito inventó el cálculo infinitesimal, logró avances en el campo de la óptica, la física moderna y la astronomía actual con su genial ley de la gravitación universal. Einstein tenía un solo cuadro en su despacho y era un retrato de Newton. Pues bien, este superhombre de las ciencias era tremendamente neurótico: al parecer nunca tuvo relaciones sexuales, padecía de insomnio crónico, depresiones, hipocondría, ataques de ira, amnesias y diversas fobias. Pero eso no le impidió llegar a la cumbre de la física. Como escribió el poeta inglés Alexander Pope, «Hágase Newton, dijo Dios. Y la luz se hizo».

Uno de mis mejores amigos se llama Miquel y es un gran artista plástico. Posee una sensibilidad descomunal. Un garabato suyo en una servilleta puede dejarte sin habla. Con Miquel he hablado muchas veces de la abundancia de neurosis entre los artistas. Me contaba en una ocasión que, en una cena con otros pintores, en París, uno de los artistas más prominentes levantó la copa para hacer un brindis y espetó:

—¡Por el Prozac!

A lo que los demás respondieron al unísono:

—¡Por el Prozac!

Bendita colaboración

Algunos pacientes me hablan del temor de que sus neuras les impidan encontrar pareja. Pero se trata de un miedo irracional porque la debilidad es precisamente el principal motor de la colaboración, del asociacionismo y de la pareja misma. Interactuamos porque es placentero hacerlo, pero también porque la colaboración nos permite superar hándicaps. De hecho, si fuésemos extremadamente fuertes y felices, habría muy pocas parejas; iríamos de flor en flor gozando de todo y de todos.

Las personas que aceptan sus debilidades sin avergonzarse son los candidatos perfectos para una vida de pareja hermosa y duradera, porque entienden que el otro será su colaborador más estrecho. Tener neuras no es ningún problema para emparejarse: al contrario. Charles Darwin, por ejemplo, tuvo un matrimonio feliz y una vida familiar muy placentera junto a sus diez hijos. Su fobia social le empujaba a la ciencia, pero también a la familia, que valoraba por encima de todo.

Existe una reflexión racional que hacemos en mi consulta frecuentemente. Para quitarnos la presión, para aprender a cuidarnos, nos preguntamos: «¿Y si siempre fuese a tener ansiedad? ¿Y si no me curase jamás? ¿Podría ser feliz? ¿Podría hacer cosas valiosas por mí y por los demás? ¿Podría adaptarme como Charles Darwin, retirarme al campo, llevar una vida de familia y de ciencia o arte... y alcanzar un buen nivel de plenitud?». La respuesta obligatoria es: «¡Por supuesto que sí!».

SIN PRISA PERO SIN PAUSA

El desarrollo personal es algo que se ha de llevar a cabo sin prisa pero sin pausa. Es decir, ha de combinar el continuo trabajo para suprimir todos los miedos con un exquisito cuidado de uno mismo.

En este sentido, los psicólogos cognitivos estamos a favor de los ansiolíticos y de los antidepresivos porque sirven para cuidar de uno mismo mientras estamos en pleno desarrollo mental, aunque lo sabio es hacer un uso limitado de ellos. El crecimiento personal también requiere de cierto enfrentamiento con las situaciones que nos perturban porque así podemos trabajarlas.

Por ejemplo, las personas que tienen ansiedad generalizada tienen que evitar tomar ansiolíticos porque es en esos momentos de tensión cuando más les conviene trabajar. Ese esfuerzo es el que les curará. Pero, por otro lado, en un día especialmente malo, no es mala idea tomar un ansiolítico al final de la jornada para descansar un poco.

En la vida real, la tortuga, lenta pero implacable, es mucho más efectiva que la alocada liebre. No lo olvidemos nunca: saber cuidar de uno mismo es una de las claves básicas del crecimiento personal.

En este capítulo hemos aprendido que:

- La autoexigencia es la vía más rápida para volverse neurótico porque es una forma de motivación mediocre.
- El mejor desarrollo personal es aquel que se lleva a cabo de forma ilusionante, segura y divertida.
- Siempre que podamos, establezcamos «campos base». Es decir, para conseguir nuestro objetivo, dividamos el esfuerzo en tareas más sencillas, sin olvidarnos de tener siempre un lugar al que retirarnos, una salida.

- No hay que avergonzarse de la debilidad. Todos somos débiles; lo inteligente es asumirlo y encontrar compensaciones y soluciones imaginativas.
- El hecho de ser neurótico no es malo en sí mismo. A muchas personas insignes sus neuras les han ayudado a desarrollar otras facetas.
- La debilidad emocional es un motor para una vida de pareja duradera porque el apoyo del otro es todavía más hermoso y relevante.
- El uso de ansiolíticos y antidepresivos de manera puntual es una buena forma de cuidar de uno mismo.

20

Aprender a aprender

Un joven caminaba de un pueblo a otro atravesando una cadena de montañas. En un momento dado, una espesa niebla empezó a cubrirlo todo. El chico apretó el paso para llegar antes, pero dio un traspié en un recodo y cayó al vacío.

En su caída, movió los brazos desesperado y logró asirse a una rama. ¡Qué fortuna, había salvado la vida! Pero ¿cómo ascender? La pared era vertical. Además, no se veía nada a causa de la niebla.

Allí colgado de una rama, en medio de la nada, se vio perdido y gritó:

—¡Dios, ayúdame!

Y de pronto una voz acudió a su mente, clara y atronadora:

—Déjate caer. Confía.

El muchacho sacudió la cabeza. Debía de estar teniendo una alucinación absurda. Hacía muchísimo frío y ya era de noche.

Gritó otra vez:

—Si existes, Señor, ayúdame. ¡Me muero de frío!

Y, de nuevo, la voz en su interior:

—Déjate caer. Confía.

Al cabo de ocho horas, el día amaneció y unos aldeanos pasaron por el mismo sendero. En el punto donde había caído el muchacho encontraron su bastón. Se asomaron al borde del camino y lo que vieron les dejó atónitos: allí estaba el muchacho, muerto por congelación, cogido a una rama. Pero debajo de él no había ningún vacío sino otro camino, a tan sólo un metro de sus tiesos pies helados.

Debido a la niebla no se había dado cuenta de que no había precipicio alguno, sino otro sendero que atravesaba las montañas.

Este cuento ejemplifica lo que yo llamo el «efecto del precipicio que no existe». Es decir, la creencia errónea de que no valemos para determinadas cosas, como las matemáticas, el baile, los estudios..., falsas ideas de incapacidad que nos bloquean hasta hacernos realmente incapaces. Estas «autolimitaciones» se dan mucho en el ámbito de la escuela o el trabajo, y originan un enorme desaprovechamiento.

Durante mucho tiempo, yo fui una de esas personas negadas para las matemáticas. Siempre suspendía. Odiaba los números y ellos sentían algo parecido por mí. Esa fea relación duró los primeros años de mi escolarización, hasta que en la secundaria decidí coger el toro por los cuernos y, por primera vez en mi vida, conseguí aprobados y bienes. Las malditas mates empezaban a darme un respiro. Pero en cuanto me dieron la oportunidad, me pasé a «letras puras». ¡Qué descanso!

Y entonces sucedió algo que cambiaría las cosas para siempre entre Pitágoras y yo. Resulta que en secundaria yo había empezado a dar clases particulares para ganarme un dinerillo. En aquella época, la economía de mi familia hacía aguas y si quería unos vaqueros o unas libretas tenía que financiármelo yo. Y así, sin darme cuenta, me convertí en el profesional de las clases de repaso más reconocido de mi barrio. Tenía mi agenda llena de clientes en edad escolar. ¡Y conseguía grandes éxitos! Recuerdo el caso de dos gemelos que pasaron de suspender ocho asignaturas a aprobarlo todo con notables y algún sobresaliente.

Al año siguiente, cuando llegó el verano, me propuse dedicar julio y agosto al negocio de las clases. Mi objetivo era comprarme una guitarra eléctrica y un amplificador. Para ello tenía que conseguir muchos alumnos.

Entonces recibí una llamada de una vecina que era dos años mayor que yo:

—Me han dicho que das clases de repaso y que eres muy bueno. ¡Te necesito! Me han quedado las matemáticas de tercero para septiembre.

—Perdona, pero yo no doy clases de mates. De hecho, sólo he estudiado las obligatorias y segundo. En tercero he cogido «letras puras» —le expliqué.

—Rafael, te necesito. ¡Soy una negada para las mates! Míratelas y me las explicas. Te pagaré el doble de lo que cobras —me dijo convencida.

La idea de cobrar el doble me seducía. Con eso tendría asegurados la guitarra y el amplificador, así que accedí.

—Vamos a intentarlo, pero no te aseguro nada —le dije.

Al llegar septiembre, Irene, que es como se llamaba mi vecina, sacó un notable en su examen y las mates de toda la secundaria pasaron a formar parte de mi carta de servicios.

Después, ya en facultad de psicología, las matemáticas volvieron a cruzarse en mi camino, pero ya no les tenía miedo.

Saqué las mejores notas en estadística y empecé a colaborar con los profesores en diversas investigaciones.

¿Qué había sido de mi creencia infantil de que yo era un negado para las matemáticas? ¡Había desaparecido! Es cierto que mi fuerte siempre habían sido las letras, el pensamiento abstracto, la filosofía, el razonamiento verbal, pero lo cierto es que las ciencias exactas tampoco se me daban mal.

El «efecto del precipicio que no existe» hace que las personas creamos tontamente que no valemos para muchísimas cosas. Pero casi todos somos buenos para casi todo. ¡Aprender es muy divertido y fácil si no le tenemos miedo a nada!

Un profesional de la montaña

No hace mucho tuve otro episodio de superación de una autolimitación. Durante años, yo me había definido a mí mismo como un negado para la orientación, en la ciudad o en la montaña. Cuando salía a hacer senderismo, dejaba que guiase otro. Estaba convencido de que mi cerebro no rendía con esos códigos, y la prueba era que cuando salía solo casi siempre me perdía. Pero, una vez más, se trataba de un «precipicio inventado».

Hace poco estuve quince días solo en el Pirineo haciendo una ruta. En un refugio, mientras cenaba con un montañero que acaba de conocer, se produjo el siguiente diálogo:

—Yo voy con unas rutas muy detalladas que consigo por internet. Las descargo y las meto en mi GPS —me dijo.

—Pues yo voy con los mapas de siempre, que me van genial —respondí sacando uno de ellos.

—¡Dios! Yo con ésos no me aclaro. Soy bastante malo para orientarme —replicó.

—Si es muy fácil —le dije—. Con un buen mapa y una brújula es imposible perderse. Si vas revisando tu posición a cada rato, puedes saber dónde estás y adónde dirigirte con muy poco error. ¡Es una pasada!

Por la mañana, cuando nos despedimos y eché a caminar, reflexioné sobre lo que habíamos hablado la noche anterior. ¡A diferencia del pasado, ahora me consideraba a mí mismo un buen guía! ¡Y me gustaban la orientación y los mapas! Sin duda, había superado otro «efecto del precipicio inexistente».

Retomar las lecciones con alegría

Hace poco, un ex paciente llamado Tomás volvió a la consulta. Me explicó que su situación laboral había cambiado y que se sentía inseguro. De bombero, su profesión de toda la vida, había pasado a ser vendedor de coches de alta gama. Me contó que le habían dado la baja por problemas de espalda y que había aceptado la jubilación anticipada. Como podía trabajar en otras cosas, había conseguido un empleo en un importante concesionario.

Todo empezó yendo sobre ruedas. Desde siempre, su pasión habían sido los coches y él era extrovertido y simpático. Además, el trabajo a comisión le estimulaba. ¡De hecho, en tan sólo dos meses se había convertido en el vendedor estrella! Pero entonces las cosas se complicaron y Tomás se estaba planteando abandonar el empleo.

Resulta que la dirección ahora les pedía a los vendedores

que se ocupasen de algunos temas administrativos: acordar las financiaciones y otros papeleos. Tomás entró en crisis porque él «odiaba» esos asuntos.

—Yo siempre he sido un negado para los números y el papeleo. ¡A mí dame acción! Estoy por decirle al director que me voy.

—Sería una lástima, porque las ventas te van muy bien y eso es lo esencial —apunté.

—Pero me estoy estresando un montón. ¡Y ya no disfruto del trabajo!

Tomás estaba bajo el «efecto del precipicio que no existe». Esto es, se estaba autolimitando por una experiencia temprana equivocada. ¡Por supuesto que podía aprender todo lo necesario para realizar esa parte del trabajo! ¡E incluso disfrutarla!

Le hablé a Tomás de la posibilidad de que se estuviese autobloqueando y le sugerí que cambiase el chip. ¿Y si era mentira que él fuese un negado para los números y el papeleo? ¿Y si aprender a realizar esas tareas no era tan complicado como parecía? ¿Y si podía empezar a gozar de todo eso en poco tiempo? Tomás aceptó el reto y hoy es el mejor vendedor de coches de su región, y esa parte del trabajo que le resultaba tan difícil ahora «está chupada», según sus palabras.

Mis propias experiencias con las autolimitaciones me han llevado a aconsejar a todo el mundo que revise sus presuntas debilidades y emprenda misiones de mejora. Pero esta vez ¡con plena ilusión, alegría y un buen plan de aprendizaje! Descubrirá que tal o cual disciplina no se le da tan mal. ¡Se trataba de un fantasma autocreado!

Esto me recuerda a las personas adultas que no saben nadar o montar en bicicleta. Es curioso cómo, en ocasiones, dejan pasar muchos años antes de decidirse a aprender, y todas piensan que va a ser dificilísimo.

Conocí a una mujer de cincuenta años, Nadia, que no sabía nadar, y eso que vivía en Barcelona y le encantaba ir a la playa. Mientras hacíamos terapia, salió por casualidad el tema y le pregunté:

—Oye, Nadia, ¿y nunca te has planteado aprender?

—Alguna vez, pero es que ya soy muy mayor, ¿no? —respondió.

—¿Qué me estás diciendo? Pero si estás en forma.

—Rafael, me da pereza tomar lecciones cada semana y debe de ser muy difícil —me dijo apenada.

—Escúchame bien: nadar es la cosa más fácil del mundo porque el cuerpo flota. Sólo hay que estar tranquilo en el agua y mover un poquito las extremidades para avanzar. ¡Es absurdamente fácil!

Y me hizo caso. Se apuntó con un profesor particular en la piscina de su barrio y a los dos días ya avanzaba como un perrito. Al mes, Nadia, que era muy atlética, nadaba a crol mejor que yo. Me lo enseñó en un vídeo que le grabaron.

Éste es un ejemplo perfecto de que las personas podemos pasarnos años pensando erróneamente que algo es muy difícil. Y todo se debe al miedo: a hacer el ridículo, a parecer tontos.

VUELTA AL COLE

El «efecto del precipicio que no existe» es algo que actualmente está exacerbado por nuestros sistemas educativos.

Como están basados en el miedo y no en el goce, los chicos se autolimitan enseguida, en cuanto surge una dificultad: «Soy muy malo para las mates», «tengo muy mala memoria», «soy tímido», etc.

Por culpa de los exámenes, los chavales se centran en sus virtudes y esconden sus defectos. Y así, esos defectos escondidos se convierten en lagunas autoimpuestas para toda la vida. Y, ¡cuidado!, las virtudes ni siquiera estarán bien explotadas porque los chicos tampoco emplean la verdadera gasolina para aprender, que es el disfrute. Así se produce el gran desperdicio educativo.

Pero, ya de adultos, podemos revertir en gran medida este desaguisado si:

a) Nos negamos a cualquier tipo de autolimitación. Dispongámonos a alcanzar niveles hermosos de dominio de todo aquello que hasta hoy era tabú.

b) Nos sacamos toda la presión. Comprendamos que nada es necesario. Si no aprendiésemos nunca a nadar: ¡que le den a la natación! Y lo mismo con las matemáticas y el resto de saberes del mundo. ¡Fuera miedos!

c) Activamos siempre, en todas nuestras tareas, la fuerza del disfrute.

ABRIR LOS OJOS COMO EL AVESTRUZ

Uno de los fenómenos más curiosos de las autolimitaciones es que cuando las experimentamos, realizamos las tareas «con los ojos cerrados». A causa del miedo, nos enfrentamos al asunto evitándolo, y así no hay quien aprenda. Por ejemplo, Tomás, el gran vendedor de coches, hacía el papeleo con tanta aversión que no le prestaba atención; y el trámite de la financiación lo realizaba como mirando hacia otro lado.

Dicen que el avestruz entierra la cabeza en la arena cuando ve a un depredador. Me alegré mucho cuando un amigo naturalista me informó de que eso no es así.

—Rafael, ¿cómo va a ser eso cierto? Si un animal hiciese eso, duraría dos días. Eso no lo hace ningún... —Mi amigo se detuvo, pero como es muy simpático y sabio, añadió—: Ah, no. ¡Me equivoco! Hay uno que sí lo hace: el hombre.

En efecto, el ser humano es capaz de hacer cosas tan estúpidas como beber alcohol cuando tiene un problema, cuando lo que tendría que hacer es tomarse un café y disponerse a solventar el tema de la mejor forma posible.

La mayor parte de las tareas que emprendemos son muy fáciles de realizar: ¡si lo hacemos con los ojos abiertos, claro está! En ese sentido, yo siempre recomiendo que cuando tengamos una tarea atravesada cojamos una libreta. En ella anotaremos todos los trucos, consejos y detalles que faciliten la realización de la misma. Con los ojos bien abiertos, estaremos atentos a cualquier cosa que nos pueda ayudar. Por ejemplo, en el caso de Tomás, apuntaría cosas como: «Tener una ficha con un protocolo de acción para realizar el papeleo me va ir genial», «Una lista de comprobación hará que no me olvide de ningún detalle», «Cuando calcule la financiación, usaré una hoja de cálculo y así no cometeré errores», «Si repaso los números tres veces, es casi imposible equivocarse»...

Recordemos que el avestruz no esconde la cabeza porque duraría dos días. Todos los animales dominan su entorno. ¡Y no experimentan estrés en sus vidas! Nosotros también estamos hechos para dominar nuestro entorno. Sólo se requiere un pequeño detalle: abrir los ojos.

PLANEAR UN GRAN APRENDIZAJE

Así pues, cuando nos encontremos con una tarea que nos suscite malestar, la solución pasará por asumir que se trata de uno de esos precipicios que no existen. Y una vez eliminada la presión, debemos organizar un proyecto de aprendizaje lo más hermoso posible. Esto implicará:

- Planificarlo con tiempo. Nadie aprende con prisas, es mejor tener delante un calendario que incluya jornadas en las que podamos disfrutar.
- Ser ambicioso. Cuanto más lejos nos planteemos llegar, más motivados estaremos. Por ejemplo, decir: «Voy a aprender a nadar como un delfín y tener un cuerpo diez», es mucho mejor que: «Voy a intentar resolver este asunto que me tiene acomplejado».
- Enmarcarlo en un gran entorno. Por ejemplo, inscribirnos en un curso de natación en una piscina agradable, acudir a practicar a la playa, comprarse bañadores a la moda, etc.
- Insistir en hacerlo divertido. Cada vez que nos estresemos, ¡detengámonos! Existen mil formas de hacerlo disfrutando. No nos empeñemos en emplear la fuerza de voluntad a toda costa.

- Mantener los ojos bien abiertos. Esto es, trabajar con una libreta al lado donde vayamos anotando trucos y claves. Si tenemos una tarea atravesada es porque, a causa del miedo, siempre la habíamos realizado con «los ojos cerrados».

En este capítulo hemos aprendido que:

- Cuando nos decimos a nosotros mismos: «No valgo para esto», nos estamos autolimitando estúpidamente. Todos podemos llegar a realizar bastante bien casi cualquier tarea.
- El miedo a hacer el ridículo está detrás del «efecto del precipicio que no existe».
- Podemos evitar las autolimitaciones si no las aceptamos, nos quitamos la presión y planificamos un bello aprendizaje.
- Una condición para superar las autolimitaciones es enfocarse en el disfrute.
- Es importante tener los ojos abiertos y enfrentarse a la tarea que nos resulta desagradable. Podemos ayudarnos anotando en una libreta cualquier truco o clave.

Epílogo

Escribo estas últimas líneas desde la terraza de mi refugio de montaña en Colungo, en la sierra de Huesca. Anochece y una luz anaranjada cubre el horizonte. La visión de la naturaleza desplegada ante mis ojos me dice que la vida tiene mucho que ofrecernos, tanto que si abriésemos la mente a todo ello nuestro cerebro no lo podría asimilar: «se colapsaría de tanto goce, de tanta sincronía neuronal», tal y como lo definen los neurólogos.

Ahora mismo me viene a la mente Ana Amalia Barbosa, la profesora tetrapléjica, y su ejemplo abre una grieta en mi mente por la que se cuela la certeza de que todos podemos ser tan felices como deseemos.

La vida ofrece infinitas posibilidades de disfrutar, y aquí mismo, ahora que se cierra la noche en Colungo, entro en un estado de abundiálisis. Sé que seré inmensamente feliz hasta que me muera.

La mente es flexible, y si practico con perseverancia, mis neuronas se acostumbrarán a transitar por los canales de la armonía. Cualquier perturbación emocional es fruto de una visión errónea, de la carenciálisis, que no es más que humo, ideas absurdas que puedo apartar.

Una y otra vez insistiré en dominar mi mente como si de un joven caballo se tratase. Partiendo del encabritamiento propio de la neurosis llegaré a la fluidez gloriosa del cerebro para lograr su mejor rendimiento.

Con una mente cognitivamente engrasada, potenciaré todas y cada una de mis facetas vitales a un nivel casi sagrado. Podré repasar mi vida y apreciar que es grande.

Todos mis avatares —goces o adversidades— serán aventuras con las que crecer y hacerme más fuerte y feliz. Hasta la enfermedad será un camino más hacia la plenitud.

Querido lector: te espero en el camino de la plenitud racional. No importa lo que tardes en recorrerlo; lo que cuenta es avanzar a un ritmo constante. No te detengas. Irás haciendo músculo mental y la vida se irá abriendo ante ti como un cerezo en flor. Ve puliendo tu mente. Sintonízate con la armonía una y otra vez. Escribe poemas a cada paso. Procura no pelearte ni indignarte jamás. Que la incomodidad sea terreno fértil para ti. El planeta te agradecerá tu nueva actitud vital y te recompensará con sus múltiples tesoros.

Te veo por aquí.